sendai
仙台

カフェ日和

Cafe

ときめくお店案内

ございん仙台編集部・著

MATES-PUBLISHING

E N T S

★ヘルシーメニューに心もからだもよろこぶカフェ

★手づくり雑貨のやさしさが伝わるカフェ

＊本書は2016年発行の「仙台カフェ日和　すてきなCAFEさんぽ」の改訂版です。

C O N T

この本の使い方

このお店で提供されているお食事や、代表的なスウィーツをご紹介しています。季節によって使用する食材が変わったり、メニューが変更される場合もあるのでご了承下さい。

ランチメニューをはじめとするおすすめメニューです。ランチメニューがないお店はグランドメニューからご紹介しています。

カフェの雰囲気を表しています。その日の気分に合わせてお店選びをして下さい。

店内の特徴がある部分を撮影しています。

エリア名

青葉区
New Airy
にゅーえありー
おいしいごはん
野菜たっぷりのお料理とふんわり贅沢なパンケーキ
テーブルがゆったり配されているので混み合う時間も安心。
「野菜が食べたい！」という日にはぴったりのおしゃれなカフェ。モーニングからディナーまで、野菜をバランスよく取り入れ、楽しみながら食事ができるようなメニューが用意されています。特に彩り鮮やかなバーニャカウダは、素材の良さが際立つ一品。
厳選素材を使用したオリジナルパンケーキは、ふわふわでリッチな味わいです。フルーツたっぷりのスイーツ系からお腹にたまるお食事系まで、好みに合わせて飽きずにいただくことができます。
ニューエアリー
New Airy
Natural Dining Café
28
とっておき空間
広々とした店内は落ち着いた照明でリラックスできます。
おすすめメニュー
モーニングタイム
エッグベネディクト
（ドリンク付き）
1,404円
ランチタイム
アボカドエッグのカルボナーラ風パスタ
1,242円
メープルクリームパンケーキ
1,620円
バーニャカウダ 1,404円
彩り鮮やかで目でも楽しめる人気メニューです。
ミックスパンケーキ 1,350円〜
北海道江別産小麦100%の薄力粉をベースにリコッタチーズ・岩塩・きび糖などを使用。価格は時間帯によって変わります。
野菜たっぷりのラグーパスタ 1,242円〜
ランチタイムはバランス良く野菜を使ったパスタや食事系のパンケーキが用意されています。価格は時間帯によって変わります。
Information
営業時間 モーニング9:00〜11:00 ランチ11:00〜17:00 ディナー17:00〜22:00
休業日 なし
座席案内 テーブル席48
禁煙席 全席禁煙
所在地 仙台市青葉区一番町3-7-1 電力ビル本館1F
電話 022-224-6722
交通 地下鉄広瀬通駅より徒歩3分
駐車場 なし
Welcome Message
スタッフの佐藤さん
常に最新のトレンドを発信しながらも、野菜を中心とした身体の内側から元気になれるメニューをご提供致します。素材感あふれるナチュラルで温かみのある雰囲気の中でごゆっくりお寛ぎ下さい。
29

お店からのメッセージです。

お店全体の雰囲気がわかりやすいように撮影しています。シーンに合わせたお店選びの参考にして下さい。

このお店の基本的な情報です。年末年始の休業日や臨時休業は含まれておりません。交通の部分は地図内に表記された駅より利用者の多い駅からのご案内になっているお店もあります。

特集ページについて

★気分はカメラ女子！フォトジェニックなカフェ
★本や音楽にふれて世界観が広がるカフェ
★自分のスタイルでコーヒーブレイクを楽しむカフェ
★ヘルシーメニューに心もからだもよろこぶカフェ
★手づくり雑貨のやさしさが伝わるカフェ

気分はカメラ女子！ フォトジェニックなカフェ

＊野球とハワイとパンケーキ
アンバランスが魅力の個性派カフェ＊

レンガが素敵な建物を一歩入れば、心地よいハワイアンミュージックが聞こえてきます。
外にはワンちゃんと一緒に過ごせるテラス席も。

BALL PARK
ぼーるぱーく

宮城野区

仙台駅東口にオープンしたパンケーキが人気のカフェです。ふんわりふかふかの食感が楽しめるぶ厚いパンケーキを、型を使わずに焼いているという店主さんの職人技が光ります。
店名をはじめ、野球部だったという店主さんのこだわりがお店のあちらこちらに。野球観戦ができるのも魅力です。木の温もりを感じる落ち着いた雰囲気と、ゆるやかなハワイアンミュージックで心までリラックス♪ ランチタイムはガパオライスなど、日替わりメニューが用意されています。

16

＼とっておき空間／
白を基調とした店内には観葉植物がたくさん。のんびりくつろげるソファ席もあります。

おすすめメニュー
アイスメープルパンケーキ
1,080円
メープルホイップパンケーキ
1,080円
マカダミアナッツソースパンケーキ
1,296円
日替わりランチ(11:30～15:00)
1,080円
ガーリックシュリンプ
1,296円

ジャークチキン
1,080円
ジューシーなお肉と一緒に、新鮮な野菜も召し上がれ。
※18時からのメニューです。

バターメープルパンケーキ
918円
2種類のメープルシロップで召し上がれ。ふわふわ食感は感動ものです。

キャラメルアップルパンケーキ
1,188円
キャラメルソースがたっぷり！ アップルの食感も絶妙です。

Information

営業時間	11:30～19:00(L.O.18:30)
休業日	不定休
座席案内	テーブル席20 テラス席4
禁煙席	店内全席(テラス席は喫煙可)
所在地	仙台市宮城野区元寺小路9
電話	022-253-7239
交通	JR仙台駅より徒歩で約3分
駐車場	なし(周辺にコインPあり)

Welcome Message
店主の兵庫さん
オーダーを頂いてから一枚一枚焼き上げるため、お時間を20分ほど頂戴しております。派手さはありませんが、元野球部の店主が作る一枚入魂の幸せパンケーキを堪能してください。

17

エリア名

＊この書籍の情報は2018年1月現在のものです。営業時間や休業日、価格などが変更になる場合がありますので、事前にご確認下さい。
＊料理の内容は撮影時のものです。季節やその日の仕入れによって内容が異なりますのでご了承下さい。
＊時間によって、サービス料が加算されるお店もありますので、ご注文の際にご確認下さい。

仙台市広域図（泉区）

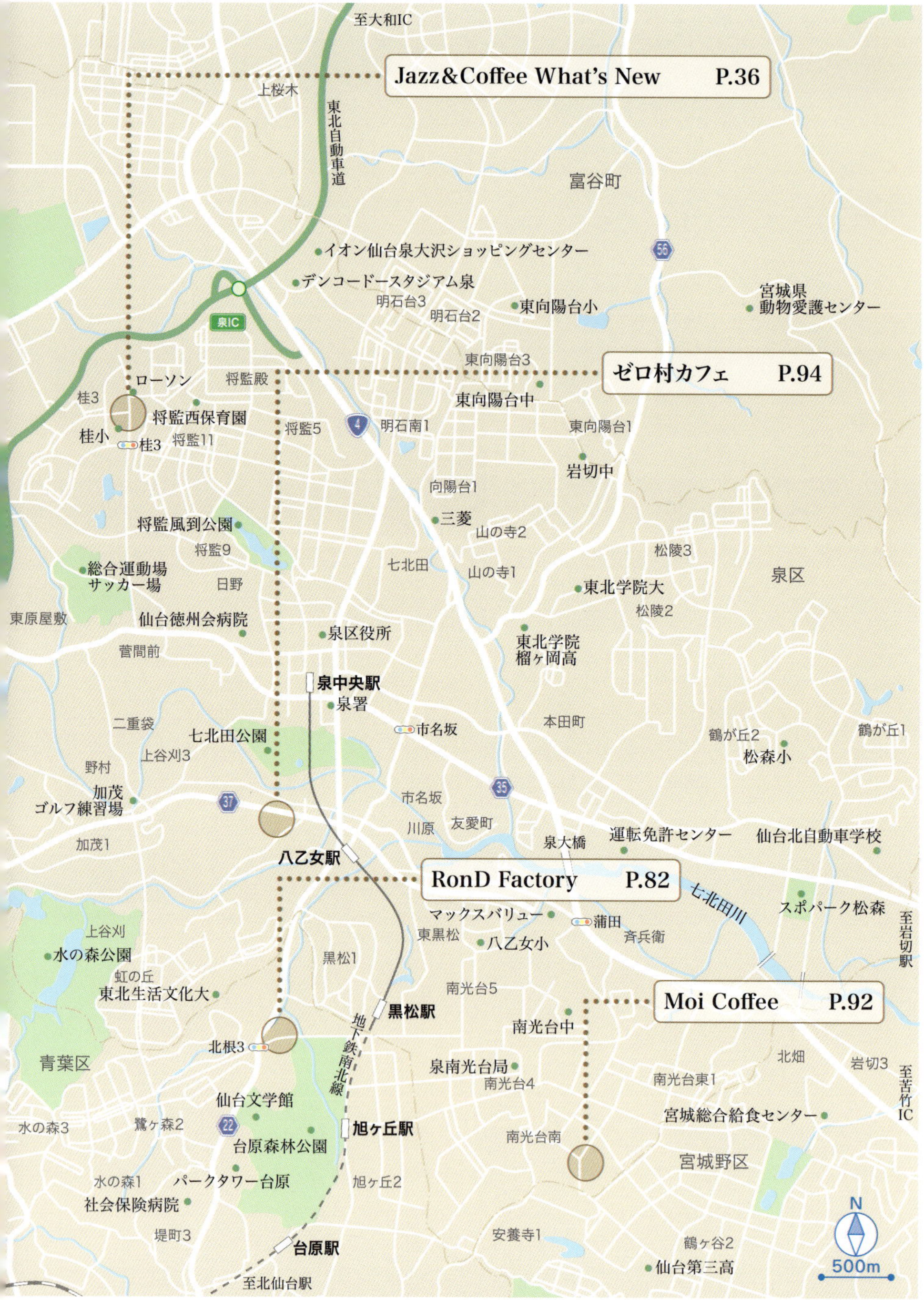

至大和IC
Jazz&Coffee What's New P.36
上桜木
東北自動車道
富谷町
イオン仙台泉大沢ショッピングセンター
56
デンコードースタジアム泉
明石台3
明石台2
東向陽台小
宮城県
動物愛護センター
泉IC
東向陽台3
ゼロ村カフェ P.94
ローソン
将監殿
桂3
将監西保育園
東向陽台中
桂小
桂3
将監11
将監5
4
明石南1
東向陽台1
岩切中
向陽台1
将監風到公園
三菱
山の寺2
将監9
松陵3
総合運動場
サッカー場
七北田
山の寺1
泉区
日野
東北学院大
東原屋敷
仙台徳州会病院
松陵2
泉区役所
東北学院
榴ヶ岡高
菅間前
泉中央駅
泉署
二重袋
市名坂
本田町
鶴が丘2
鶴が丘1
七北田公園
松森小
上谷刈3
野村
加茂
ゴルフ練習場
35
37
市名坂
川原
友愛町
泉大橋
運転免許センター
仙台北自動車学校
加茂1
八乙女駅
RonD Factory P.82
七北田川
スポパーク松森
上谷刈
マックスバリュー
蒲田
至岩切駅
東黒松
斉兵衛
水の森公園
八乙女小
黒松1
虹の丘
東北生活文化大
南光台5
Moi Coffee P.92
黒松駅
南光台中
北根3
地下鉄南北線
青葉区
泉南光台局
北畑
岩切3
南光台4
南光台東1
至苦竹IC
仙台文学館
宮城総合給食センター
水の森3
鷺ヶ森2
22
台原森林公園
旭ヶ丘駅
南光台南
宮城野区
水の森1
パークタワー台原
旭ヶ丘2
社会保険病院
N
堤町3
安養寺1
鶴ヶ谷2
台原駅
仙台第三高
500m
至北仙台駅

至大和町
至大和町
的場
朴沢
Le ciel CRÉME P.86
caslon 紫山 P.98
小野
日本セラテック
泉区
紫山公園
紫山4
紫山ゴルフ練習場
明通1
泉パークタウンGC
紫山3
宮城県図書館
紫山2
紫山1
泉パークタウン中央
泉根白石局
根白石
仙台ロイヤルパークホテル
高森3
高森6
仙台泉プレミアム・アウトレット
高森公園
高森中
八反田
寺岡1
老人ホーム泉和荘
FLAT WHITE COFFEE FACTORY P.96
判在家
高森8
松田病院
露払屋敷
小角
一本橋
半田原東
根白石
今宮
実沢小
泉パークタウン入口
住吉台東1
泉自動車学校
上野
根添
実沢
窪
二ノ関屋敷
去田屋敷
萱場
ensoleillé P.88
抹茶café茶歩 P.100
館4丁目公園
館5
上の山
館4
ヨークベニマル
館3
館緑地
館中
北中山1
長命ヶ丘1
長命ヶ丘6
加茂5
北中山3
泉館局
長命ヶ丘小
光明養護学校
泉館山高
八乙女鬼田
南中山
長命ヶ丘東
ニューワールドGC
ネッツトヨタ
桜ヶ丘7
聖和学園短大
実沢
仙台北環状線
桜ヶ丘6
仙台ヒルズGC
中山台
西勝山
西仙台CC
川平2
青葉区
宮城ゴルフガーデン
南中山1丁目南
東北自動車道
吉成山
みやぎ生協
中山吉成3
国見ヶ丘1
滝道
東北福祉大野球場
南吉成中
中山4
活牛寺
Natural Cafe ROUTE99 P.90
芋沢
至陸前落合駅
至仙台宮城IC

仙台市広域図（青葉区・太白区・若林区）

北根
台原森林公園
泉区
至泉IC
至陸前山王駅
至古川駅
東北本線
東北新幹線
社会保険病院
宮城野区
青葉区
台原駅
小松島新堤
安養寺
鶴ケ谷
岩切
燕沢
仙台市詳細図P10
仙台東照宮
高松
東照宮駅
新田東総合運動場
至中野栄駅
北仙台駅
南北線
東北大農学部
仙山線
東仙台駅
仙石線
北四番丁駅
宮町
中江
小鶴新田駅
仙石
福田駅
青葉区
宮城県庁
仙塩街道
日の出町1丁目
勾当台公園駅
清水沼
苦竹駅
仙台バイパス
宮城野区
広瀬駅
日の出町
仙台駅
宮城野原駅
あおば通駅
勤労者体育館
榴ケ岡駅
仙台高裁
宮城陸上競技場
花壇
OVAL COFFEE STAND P.122
6丁目
SENDAI忠恕館
木ノ下
至仙台港北IC
伊佐
小荒井東
仙台東IC
愛宕橋駅
仙台荒井局
六丁目
河原町駅
遠見塚
萩ケ丘
仙台市野草園
Ship street cafe P.84
長町1丁目駅
砂押町
八本松
長崎屋
土手内
THE MALL
広瀬川
長町南駅
長町駅
沖野
今泉
富沢遺跡保存館
PUBLIC. COFFEE & BAR P.116
至山田IC
富沢中学校
長町南
太子堂駅
上飯田
仙台東部有料道路
富沢駅
赤塚下
屋敷
太白区
仙台南部有料道路
富沢
長町IC
若林区
仙台自動車学校
袋原
仙台若林JCT
太白大橋
名取大橋
宅地
今泉IC
井戸堀
上河原
沢目
Café nijineco P.118
西中田5丁目
東北新幹線
南仙台駅
自家焙煎珈琲豆工房 ほの香 P.110
CAFE La Douce Vie P.114
種次
中野
柳生
柳生中
仙台バイパス
奥州街道
宮神明
名取川
N
東北本線
草倉田
山神
中北田
名取IC
鍋沼
500m
飯塚
至白石蔵王駅
至名取駅
至仙台空港IC

仙台市広域図（青葉区・宮城野区・若林区）

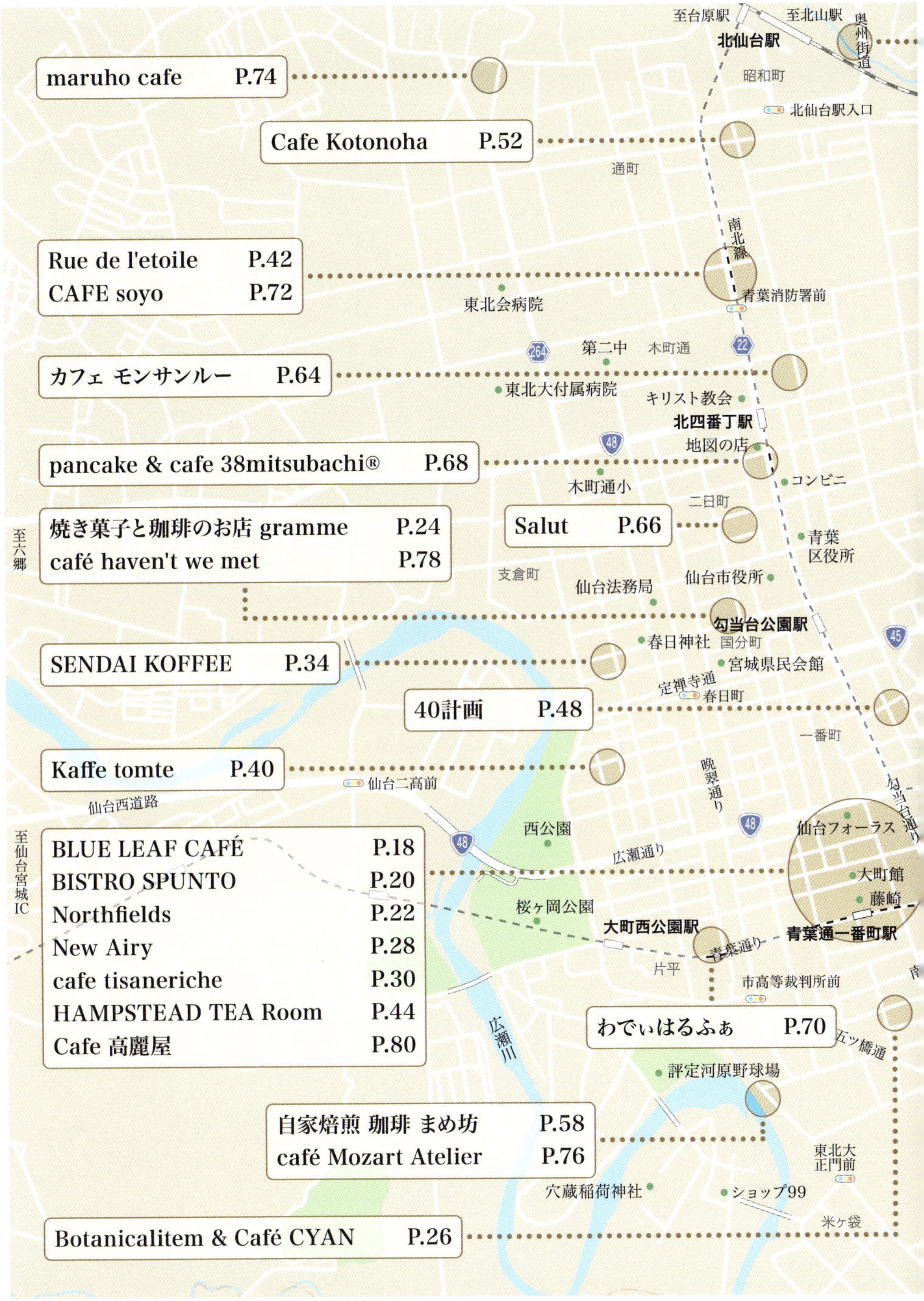
maruho cafe P.74
Cafe Kotonoha P.52
Rue de l'etoile P.42
CAFE soyo P.72
カフェ モンサンルー P.64
pancake & cafe 38mitsubachi® P.68
焼き菓子と珈琲のお店 gramme P.24
café haven't we met P.78
Salut P.66
SENDAI KOFFEE P.34
40計画 P.48
Kaffe tomte P.40
BLUE LEAF CAFÉ P.18
BISTRO SPUNTO P.20
Northfields P.22
New Airy P.28
cafe tisaneriche P.30
HAMPSTEAD TEA Room P.44
Cafe 高麗屋 P.80
わでぃはるふぁ P.70
自家焙煎 珈琲 まめ坊 P.58
café Mozart Atelier P.76
Botanicalitem & Café CYAN P.26
至台原駅
至北山駅
奥州街道
北仙台駅
昭和町
北仙台駅入口
通町
南北線
東北会病院
青葉消防署前
264
第二中
木町通
22
東北大付属病院
キリスト教会
北四番丁駅
48
地図の店
コンビニ
木町通小
二日町
青葉区役所
至六郷
支倉町
仙台法務局
仙台市役所
勾当台公園駅
45
春日神社
国分町
宮城県民会館
定禅寺通
春日町
一番町
晩翠通り
勾当台通り
仙台二高前
仙台西道路
西公園
48
仙台フォーラス
至仙台宮城IC
広瀬通り
大町館
藤崎
桜ヶ岡公園
大町西公園駅
青葉通一番町駅
青葉通り
片平
市高等裁判所前
広瀬川
五ッ橋通
評定河原野球場
東北大正門前
穴蔵稲荷神社
ショップ99
米ヶ袋

気分はカメラ女子！ フォトジェニックなカフェ

＊パティシエが腕を振るうケーキと
可愛い3Dラテアート＊

2階のカフェスペースにはゆったりくつろげるソファー席もあります。

パティスリー ミティーク《ぱてぃすりー みてぃーく》

青葉区

東6番丁小学校の向かいにあるおしゃれなケーキ屋さん。1階では旬のフルーツをたっぷり使ったケーキなど約20種類を販売しています。2階のカフェスペースでは、バリスタが淹れてくれる本格エスプレッソなどドリンクも充実。動物3Dラテアートは、飲むのがもったいないほど可愛い♪

贈り物に嬉しい焼き菓子やバースデーケーキも好評です。

＼とっておき空間／

明るい窓際の
カウンター席でゆっくり
読書を楽しむのもGOOD。

おすすめメニュー

本日のデザートプレート
（数量限定）
750円
栗のモンブラン　480円
白い珈琲プリン　200円
コーヒーブレンド　450円
コーヒーアメリカン　420円
紅茶（ポット）　350円

3Dラテアート カフェラテ/カプチーノ 550円

運ばれてきたら思わず笑顔になってしまうかわいらしさ。

チョコクロスケ 300円

チョコとバニラのスポンジと生クリーム。オープン当初からの人気商品です。

キャラメルマキアート 480円

コーヒーとクルミのタルトに、キャラメルとミルクチョコレートのムースがのった大人のケーキ。

Welcome Message

店長の土田さん

エスプレッソや3Dラテアートなどの飲み物も楽しめるケーキ店です。季節感あふれるケーキをコーヒーと一緒に気に入った席でゆったり楽しんで下さい。ご来店を心からお待ちしております。

Information

営業時間	11:00～20:00（なくなり次第終了）
休業日	不定休
座席案内	カウンター席3 テーブル席14
禁煙席	加熱式タバコのみカウンター席可
所在地	仙台市青葉区宮町1-1-69
電話	022-227-5851
交通	JR仙台駅より徒歩7分
駐車場	有（1台）無料

＊カリッ！フワッ！ 種類豊富なパンケーキが自慢のカフェ＊

いたるところでアヒルちゃんたちが愛嬌たっぷりに迎えてくれます。ひとりでも、小さなお子さま連れでも、大人のパーティーでも楽しく過ごせるあたたかい雰囲気。

Pamplemousse 仙台店《ぱんぷるむぅす　せんだいてん》

青葉区

ティースペシャリストやパンシェルジュ、ジュニア野菜のソムリエなど食のスペシャリストが営むパンケーキ専門店です。広々とした店内は、自由に弾けるギターや可愛らしい絵本、小さなアヒルちゃんがあちこちに置かれた楽しい空間。

デザート用やお食事用のパンケーキのほかに、アルコールやおつまみメニューも充実しています。ビルの3階にあるので、アヒルちゃんがいる看板を目印に。

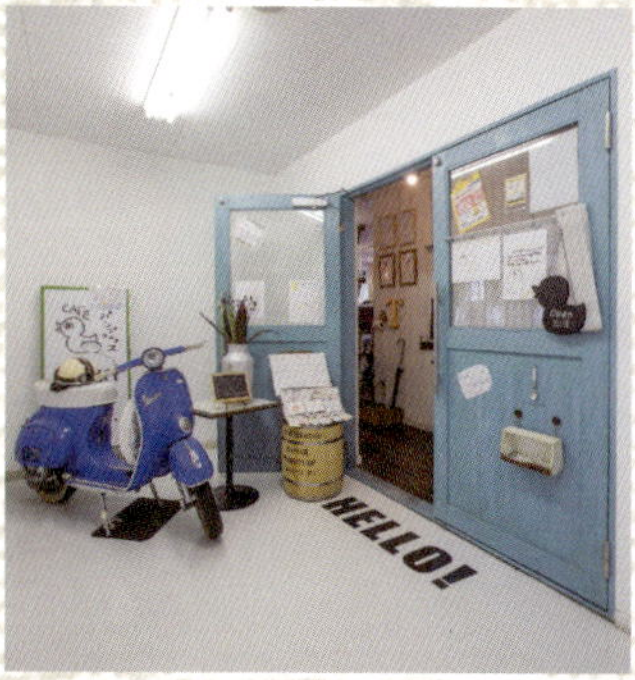

＼とっておき空間／

さまざまな座席が
用意されているので、
どこに座るか選ぶのも楽しい。

おすすめメニュー

いちご＆ホイップ生クリーム
864円
月替わりランチプレート
（数量限定・11時～15時）
950円～
季節のパンケーキ
（月替わり）
1,512円～

いちご&バナナ&マウンテンクリームパンケーキ 1,080円

ボリュームたっぷりの
人気メニュー。

フルーツスムージー 648円

アサイーと季節のフルーツを使用して作ります。

ベーコンとウィンナーそしてハムと目玉焼のパンケーキ 1,512円

お食事パンケーキは3種類から選べます。

Welcome Message

スタッフさん

店内にはアンティークの家具や絵本、アヒルがたくさんあり、あたたかい雰囲気のお店です。自慢のパンケーキのほかにアルコールメニューもあり、いろいろなシーンで使って頂けます。コース料理や貸切も承っております。

Information

営業時間	11:00 ～22:00（L.O.21:00）
休業日	なし
座席案内	カウンター席6 テーブル席45
禁煙席	全席禁煙
所在地	仙台市青葉区中央1-7-18 日吉ビル3F
電話	022-208-8899
交通	JR仙台駅より徒歩で約10分
駐車場	なし（ビルが管理する駐車場あり）

気分はカメラ女子！ フォトジェニックなカフェ

＊野球とハワイとパンケーキ
アンバランスが魅力の個性派カフェ＊

レンガが素敵な建物を一歩入れば、心地よいハワイアンミュージックが聞こえてきます。
外にはワンちゃんと一緒に過ごせるテラス席も。

BALL PARK

宮城野区

ぼーるぱーく

仙台駅東口にオープンしたパンケーキが人気のカフェです。ふんわりふかふかの食感が楽しめるぶ厚いパンケーキを、型を使わずに焼いているという店主さんの職人技が光ります。

店名をはじめ、野球部だったという店主さんのこだわりがお店のあちらこちらに。野球観戦ができるのも魅力です。木の温もりを感じる落ち着いた雰囲気と、ゆるやかなハワイアンミュージックで心までリラックス♪ランチタイムはガパオライスなど、日替わりメニューが用意されています。

\とっておき空間/

白を基調とした店内には観葉植物がたくさん。のんびりくつろげるソファ席もあります。

おすすめメニュー

アイスメープルパンケーキ
1,080円
メープルホイップパンケーキ
1,080円
マカダミアナッツソースパンケーキ
1,296円
日替わりランチ(11:30 ～15:00)
1,080円
ガーリックシュリンプ
1,296円

ジャークチキン 1,080円

ジューシーなお肉と一緒に、新鮮な野菜も召し上がれ。
※18時からのメニューです。

バターメープルパンケーキ 918円

2種類のメープルシロップで召し上がれ。ふわふわ食感は感動ものです。

キャラメルアップルパンケーキ 1,188円

キャラメルソースがたっぷり！ アップルの食感も絶妙です。

Welcome Message

店主の兵庫さん

オーダーを頂いてから一枚一枚焼き上げるため、お時間を20分ほど頂戴しております。派手さはありませんが、元野球部の店主が作る一枚入魂の幸せパンケーキを堪能してください。

Information

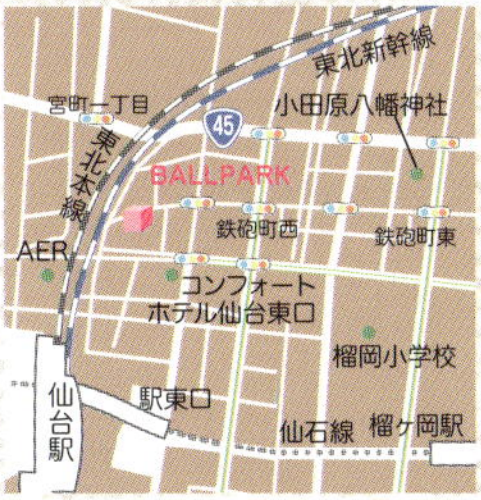

営業時間	11:30 ～19:00(L.O,18:30)
休 業 日	不定休
座席案内	テーブル席20 テラス席4
禁 煙 席	店内全席(テラス席は喫煙可)
所 在 地	仙台市宮城野区元寺小路9
電　　話	022-253-7239
交　　通	JR仙台駅より徒歩で約3分
駐 車 場	なし(周辺にコインPあり)

青葉区

おいしいごはん

BLUE LEAF CAFÉ

ぶるーりーふかふぇ

こだわりの新鮮食材と てまひまかけた手作りメニュー

Wi-Fiや電源も完備された使い勝手のよいカフェ。様々なシーンで利用できる！
(「Wi-Fi」は、Wi-Fi Alliance®の登録商標です。)

2017年12月に1周年を迎えたばかりの新しいお店です。季節ごとに旬のものや、東北産の新鮮な食材を使った料理が自慢！店内には自由に手に取れる本が用意され、Wi-Fiも完備されているので、勉強や仕事からカフェタイムまで様々なシーンで利用できます。

隣接する「au SENDAI」ではこだわりの雑貨の販売や、VR体験などを行っています。また、毎月第3木曜日には地元の新鮮食材を販売する「BLCマルシェ」を開催。人とのつながりや食の楽しみを提案しています。

\とっておき空間/

落ち着く色合いの家具が
揃った、お洒落なソファ席。

おすすめメニュー

フレンチトースト
648円
ボロネーゼ&モッツアレラ
(パニーニ)
648円
シュリンプ&アボカド
(サンドウィッチ)
540円

サンドウィッチセット 972円

サンドウィッチに、季節のスープorサラダ、コーヒー orアールグレイティー Mサイズ(Hot/Ice)が付きます。写真はBLTサンドウィッチ。
※ランチセット 11:00 ～15:00限定

なかほら牧場ソフトクリームを使ったパフェ 626円

2種類のベリーパフェと、ずんだと黒豆のパフェ。

フレンチトースト 648円

厚めにスライスしたパンをじっくりと南部鉄器のスキレットで焼き上げました。表面はカリッと香ばしく、内側はプリンのようなもっちり感。

Information

営業時間	10:00 ～20:00 ランチL.O.15:00 ディナー L.O.19:30
休業日	なし ※1/1休業 その他臨時休業あり
座席案内	カウンター16席 テーブル席92
禁煙席	全席禁煙
所在地	仙台市青葉区一番町3-8-8 一番町stear
電話	022-216-3235
交通	青葉通一番町駅から徒歩3分
駐車場	なし

Welcome Message

お店より

東北や季節の食材を使ったスタッフ手作りのフードやドリンクが自慢です。お洒落な家具に囲まれた空間がとても人気で、リピーターも続出です！ブルーリーフカフェで美味しい食事と素敵な時間をお過ごしください。ご来店おまちしています。

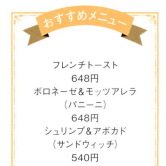

BISTRO SPUNTO

びすとろ すぷんと

ときめきスイーツ

パリの雰囲気をイメージしたカフェで五感を満たす美しい彩りと豊かな味わいの料理を

インスタ映え間違いなしのこだわりメニューを提供してくれる、デザイナーズカフェ。

一番町にある気軽に使えるカフェビストロです。ランチは種類豊富なサラダビュフェ付きで、週替わり生パスタ、定番のエッグベネディクトが大人気。カフェタイムはチョコマシュマロピザ、フルーツサンド・フルーツパフェ・パンケーキなど、インスタ映えするかわいらしいパティシエ自家製のデザートがおすすめです。

淡路島の小麦使用の生パスタシートに、ハーブを効かせた自家製ソースが決め手のラザニアやフランスのグラタン「アッシュパルマンティエ」も他では味わえない美味しさ！

＼とっておき空間／

ランチは種類豊富な
女性に嬉しい
サラダビュッフェ付き！

おすすめメニュー

自家製ラザニア
1,000円
サーモンアボカドエビのサンド
1,000円
ミックスベリーパンケーキ
1,000円
クレームブリュレ　650円
フルーツサンド　800円
※お得なドリンクセットもあります。

エッグベネディクト 平日1,080円/土日祝デザート付 1,400円

ランチタイムはサラダ・パン・スープ・ヨーグルトビュッフェ付き。

カフェラテ 540円

ダブルエスプレッソで、アーモンド、キャラメル、ヘーゼルナッツ、バニラなどたくさんのフレーバーから選べる。

チョコマシュマロピッツァ 1,000円

マシュマロがたっぷりのったピッツァ！まさにフォトジェニックな一品。

Welcome Message

店長の及川浩道さんより

ランチ、カフェ、ディナー…楽しみ方自在のデザイナーズカフェ。落ち着いた空間で心に残る楽しいひと時に華を添える、お料理、ドリンクは目にも鮮やかな一皿一皿、一杯一杯で五感を満たす美しい彩りと豊かな味わいを演出。

Information

営業時間	ランチ11:30 ～14:00（L.O.） カフェ14:00 ～16:20（L.O.） ディナー 18:00 ～22:30（L.O.）
休業日	なし
座席案内	カウンター席4 テーブル席40
禁煙席	11:30 ～17:00は全席禁煙
所在地	仙台市青葉区一番町2-4-19 シリウス一番町２F
電話	022-302-7340
交通	青葉通一番町駅より徒歩1分
駐車場	なし

癒し空間

Northfields

のーすふぃーるず

イギリスにあるようなカフェをコンセプトに イギリス人の店主が作り上げたお店

イギリス本場仕込みの手づくりケーキや焼き菓子で、カフェタイムを満喫。
紅茶はもちろん、コーヒーメニューも充実！

ビルの3階にあるブリティッシュカフェ。ドアを開けるとイギリスのヴィンテージ・アンティークの家具が置かれた素敵な空間が広がり、オーナーご夫妻がやさしい笑顔でお出迎え。イギリス人のご主人とイギリスに住んでいたことがある奥様が、本場の味を思い起こしながら作ったメニューを提供してくれます。

ケーキや焼き菓子をディスプレイするなど、お店のスタイルにこだわり、日本ではあまり知られていないようなイギリスのスイーツや紅茶が楽しめるとあって、大人気のお店です。

＼とっておき空間／

ディスプレイにも
こだわりが感じられます。

おすすめメニュー

キャロットケーキ
550円
バノフィーローフ
500円
スコーン
350円
スティッキートフィープディング
650円
ブラウニー
450円

キャロットケーキ 550円

大きめサイズのキャロットケーキ。
香りよくほろほろとした食感。

ラテ 550円

スチームミルクのふわふわ感が
たまらないラテ。

スコーン 350円（クローテッドクリームとジャム付）

クローテッドクリームとジャムで、本場の味！

Information

営業時間	11:00 ～18:00(L.O.17:30)
休業日	水曜日(不定休あり)
座席案内	テーブル席15
禁煙席	全席禁煙
所在地	仙台市青葉区国分町1-3-13 遠藤ビル3F
電話	080-2801-6817
交通	青葉通一番町駅より徒歩3分
駐車場	なし

Welcome Message

店主のシュースミスさんご夫妻

老若男女問わず、気軽に立ち寄れるイギリスにあるようなカフェを目指しています。友だちの家に遊びに行くような感覚でくつろぎながらイギリスの味を楽しんでいただければ嬉しいです。Pop round for a cuppa, and make yourselves at home!

青葉区

焼き菓子と珈琲のお店 gramme

やきがしとこーひーのおみせ ぐらむ

癒し空間

緑に囲まれた癒し空間で やさしさいっぱいのお菓子をどうぞ

ひとりでふらりと立ち寄って、美味しいお菓子でほっとひと息。

淹れたてのしっかりと香りのある珈琲と風味のあるお菓子で、素敵なカフェタイムが楽しめるお店。普段はあまり珈琲を飲まない人でも、「焼き菓子と合わせると、こんなにも美味しいの？」と珈琲が大好きになります。

「手づくりのお菓子は、ひと口頬張ると思わず笑顔になる、お客様にそんな素敵なプレゼントを贈るような気持ちでお出ししています」と店長の山路さん。土日限定のメニューや瓶詰めされたかわいらしいクッキーもあるので、親しい人への手土産にもおすすめです。

＼とっておき空間／

友だちとの会話も弾みそうな
かわいらしいテーブル席。

おすすめメニュー

ベイクドチーズケーキ
486円

キャロットケーキ
486円

ブレンドコーヒー
540円

冷たい珈琲牛乳
648円

ちょっと甘めの
二層仕立てのカフェオレ。

ベイクドチーズケーキ
486円

バニラたっぷりの濃厚なチーズケーキ。
一番人気です。

タルトバナーヌ
540円

アーモンドとラム酒のリッチな
バナナタルト。

Information

営業時間	10:00 ～19:00
休業日	不定休
座席案内	カウンター席４ テーブル席４
禁煙席	全席禁煙
所在地	宮城県仙台市青葉区国分町３-９-１
電話	022-393-7177
交通	勾当台公園駅より徒歩5分
駐車場	なし

Welcome Message

店長の山路裕希さん

イートイン、テイクアウトともにご利用頂けますので、お好きなシーンでご利用下さい。店頭に出ているものは、ホールや1本売り、結婚式の引菓子などの大量注文も各種受け付けております。是非遊びにいらしてください。

Botanicalitem & Café CYAN

個性派スタイル

ぼたにかるあいてむ　あんど　かふぇ　しあん

〝好奇心の部屋〟でワクワクに満ちた旅気分を

「好奇心の部屋」がコンセプトの空間には、個性的な植物や不可思議なディスプレイがいっぱい。

異国情緒ただよう店内は、「好奇心の部屋」がコンセプト。店主が旅先で出会ったカフェのインテリアを参考にしているそう。日常を忘れ、旅に出た気分にさせてくれる特別な空間です。

　お店で焼きあげるバケットや、仙台ではCYANのみで扱う豆で淹れたこだわりのコーヒーをいただきながら、好奇心を刺激する楽しい時を過ごしてみては。日本ではなかなか手に入らないフランスの古道具や観葉植物も販売しています。入口はビンテージの椅子でできた看板を目印に！

＼とっておき空間／

パリの蚤の市で買い付けたブロカント（古道具）、観葉植物なども販売しています。

おすすめメニュー

コーヒージントニック
600円
季節のクラフティ　CYAN風
450円〜
タルティーヌ
（バケットのオープンサンド）
500円〜
ドライフルーツティー　600円
フラワーティー、ハーブティー
550円〜

Cake & Tea

ケーキはすべて手作りしています。甘すぎない、どこか懐かしい“おやつ”。

Coffee
500円〜

2003年にシドニーで誕生したコーヒーショップSingleOの東京焙煎所の豆を使用。一杯ずつ丁寧にドリップしています。

Botanical Curry
1,200円

玉ねぎ、トマトをベースに、スパイスとカレーには珍しいハーブ類をミックス。植物園に見立て、季節の野菜を贅沢に盛り付けています。

Information

営業時間	11:00 〜21:00（L.O.20:00）
休業日	木曜日
座席案内	カウンター席4 テーブル席23
禁煙席	なし
所在地	仙台市青葉区一番町一町目6-22 シャンボール一番町1F
電話	022-302-6881
交通	地下鉄一番町駅より徒歩で約4分
駐車場	なし（周辺にコインPあり）

Welcome Message

店主の阿住さん

旅先で立ち寄るcaféのような非日常の1コマであり、いつでも安心してまどろめるHomeでもある。そんな“居場所”でありたいと願っています。旅の思い出を持ち帰るように、何か新しい出会いのかけらを持ち帰ってください。

おいしいごはん

New Airy

にゅーえありー

野菜たっぷりのお料理とふんわり贅沢なパンケーキ

テーブルがゆったり配されているので混み合う時間も安心。

「野菜が食べたい！」という日にはぴったりのおしゃれなカフェ。モーニングからディナーまで、野菜をバランスよく取り入れ、楽しみながら食事ができるようなメニューが用意されています。特に彩り鮮やかなバーニャカウダは、素材の良さが際立つ一品。

　厳選素材を使用したオリジナルパンケーキは、ふわふわでリッチな味わいです。フルーツたっぷりのスイーツ系からお腹にたまるお食事系まで、好みに合わせて飽きずにいただくことができます。

ニューエアリー
New Airy
Natural Dining Café

＼とっておき空間／

広々とした店内は落ち着いた照明でリラックスできます。

おすすめメニュー

モーニングタイム
エッグベネディクト
（ドリンク付き）
1,404円
ランチタイム
アボカドエッグのカルボナーラ風パスタ
1,242円
メープルクリームパンケーキ
1,620円

バーニャカウダ 1,404円

彩り鮮やかで目でも楽しめる人気メニューです。

ミックスパンケーキ 1,350円～

北海道江別産小麦100%の薄力粉をベースにリコッタチーズ・岩塩・きび糖などを使用。価格は時間帯によって変わります。

野菜たっぷりのラグーパスタ 1,242円～

ランチタイムはバランス良く野菜を使ったパスタや食事系のパンケーキが用意されています。価格は時間帯によって変わります。

Welcome Message

スタッフの佐藤さん

常に最新のトレンドを発信しながらも、野菜を中心とした身体の内側から元気になれるメニューをご提供致します。素材感あふれるナチュラルで温かみのある雰囲気の中でごゆっくりお寛ぎ下さい。

Information

営業時間	モーニング9:00～11:00 ランチ11:00～17:00 ディナー 17:00～22:00
休業日	なし
座席案内	テーブル席48
禁煙席	全席禁煙
所在地	仙台市青葉区一番町3-7-1 電力ビル本館1F
電話	022-224-6722
交通	地下鉄広瀬通駅より徒歩3分
駐車場	なし

ときめきスイーツ

cafe tisaneriche

かふぇ てざんりしゅ

＊ナチュラルカントリースタイルで
心身ともにリラックス♪＊

カウンターやソファー、壁際のひとり席など、その日の気分に合った空間で寛げます。

ブランドームおおまちアーケード内のビル3階、長く使い込まれた温かさのある家具やインテリアが心地良い、静かなカフェです。からだにやさしいメニューが揃い、種類豊富なオリジナルブレンドハーブティーや手づくりスイーツ、自慢のキッシュが心身ともに癒やしてくれます。

自家製メニューを多く取り揃えており、オリジナリティーあふれる食事やスイーツが楽しめます。

＼とっておき空間／

ひとつひとつが
個性あふれるインテリア。

おすすめメニュー

ブレンドコーヒー
486円
自家製ブレンドのハーブティー
594円
自家製カレー
940円
ビーフシチュー
焼きたてパン付き
1,080円

自家製ケーキ 594円
（テイクアウトは529円）

丁寧に作り上げた自家製ケーキは日替わりで楽しめます。飲み物と一緒に注文で100円引きに。テイクアウト、お取り寄せもOK。（テイクアウトのシフォンケーキは一律259円）

自家製カレー
940円

じっくり煮込んだ自家製カレーは、ランチタイムならサラダ・スープが付きます。

自家製キッシュ
940円
（テイクアウトは778円）

生地から作った自家製キッシュは日替わりで楽しめます。飲み物と一緒に注文すると100円引きに。テイクアウトもOK。

Information

営業時間	11:00 ～20:00（L.O.19:30） ランチ11:30 ～14:00
休業日	毎週木曜日
座席案内	カウンター席4 テーブル席30
禁煙席	全席禁煙
所在地	仙台市青葉区一番町3-1-16 PARM-CITY 131-3F
電話	022-281-9224
交通	地下鉄広瀬通駅（西3・西4出口）より徒歩5分
駐車場	なし

Welcome Message

スタッフの井上さん

ご飯の後はお茶とケーキで「ベツバラ」！ 帰りにクッキーやケーキなどを買って、家に帰ってからまたお楽しみ！ そんな一日をどうぞ。その日その日の手作りでお迎えしております。

本や音楽にふれて世界観が広がるカフェ

＊「本と珈琲とインクの匂い」に
ほっと安らぐ空間＊

本に囲まれた知的な空間。読書好きにはたまらないブックカフェ。

Café 青山文庫《かふぇ あおやまぶんこ》

青葉区

仙台駅からほど近いところにあるブックカフェ。店内には約5000冊の本が、まるでインテリアのようにセンスよく置かれています。本はその場で読むことはもちろん、購入やレンタルも可能。

メニューは定番のものからオリジナリティー溢れるものまで種類豊富に用意されており、ビーカーに注がれて出される珈琲ソーダは味も見た目もインパクト抜群！ また、アレンジコーヒーが多く取り揃えられているので、その日の気分に合わせて気になったものを楽しんでみてはいかが。

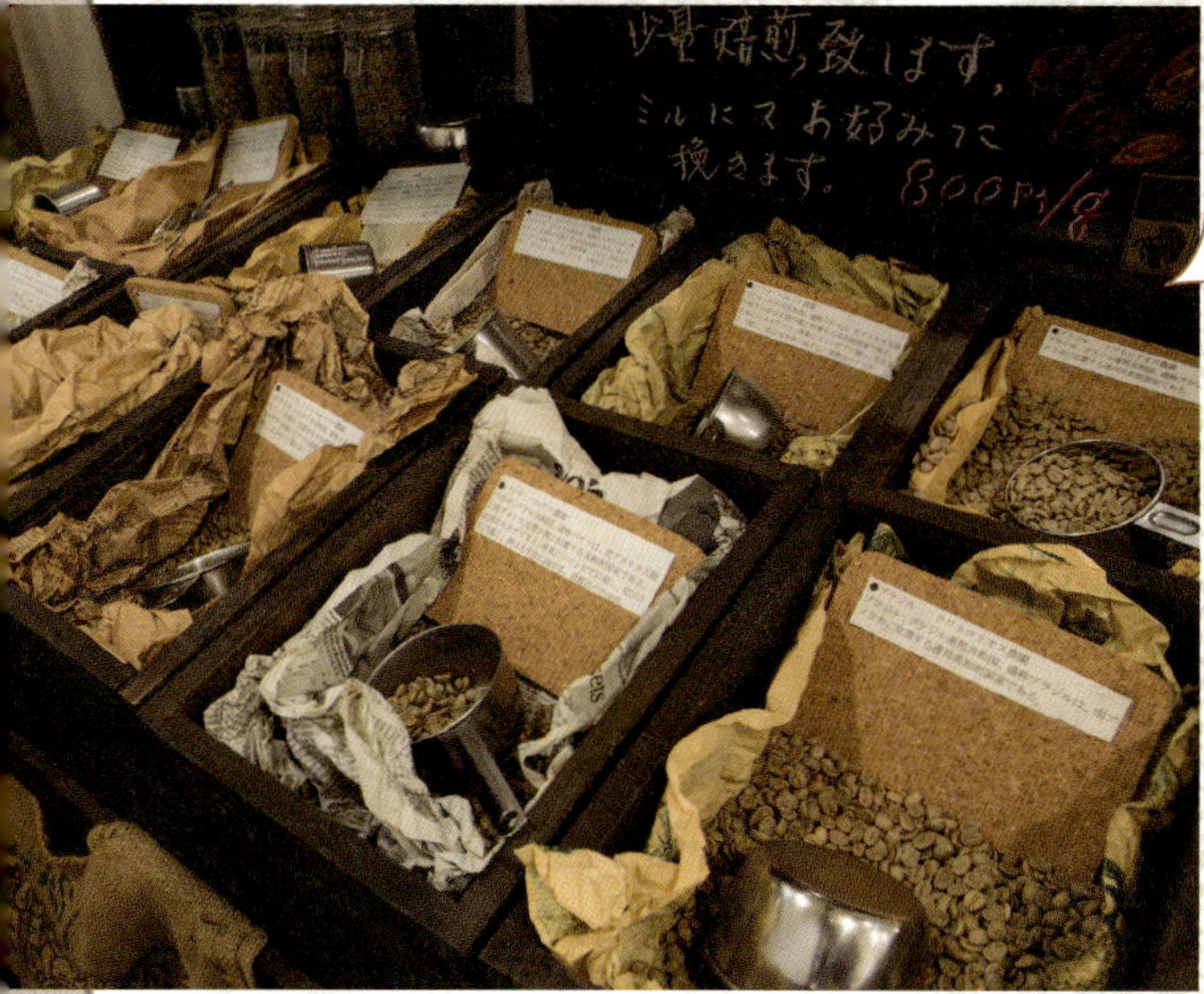

\とっておき空間/

コーヒーの香りに包まれて
読書タイムを楽しもう！

おすすめメニュー

煮込みシチューライス
864円
コンプレット
（ガレット）
918円
キャラメルナッツの
シフォンケーキ
518円

ハニーミルクラテ 756円

ミルクか豆乳、
どちらか選ぶことができます。

煮込みスパゲティー 864円

ぐつぐつ煮込んだスパゲティーをあつあつでどうぞ！

クリームソーダ 864円

雨の日は赤の苺、曇りと晴れの日は緑のメロンになる、不思議な魔法がかかったクリームソーダ♪

Welcome Message

店長の石山彩夏さん

本が好き！珈琲が好き！カフェが好き！色んな好きが集まるカフェです。味はもちろん、インパクト大なメニューはほんの少し魔法がかかるかも？誰かに教えたいけど自分だけの秘密にしたい。そんな不思議な青山文庫にぜひお越し下さい。

Information

営業時間	11:00～24:00（L.O.23:00）
休業日	なし
座席案内	カウンター席8 テーブル席38
禁煙席	全席禁煙
所在地	仙台市青葉区中央2-1-27
電話	022-209-5115
交通	地下鉄仙台駅北4番口より徒歩1分
駐車場	なし

本や音楽にふれて世界観が広がるカフェ

＊アートと音楽のある空間で気ままな時間を＊

オーナーが一点ずつセレクトしたアンティークの家具や調度品が素敵です。

SENDAI KOFFEE

青葉区

せんだいこーひー

思い思いにくつろげる隠れ家的なカフェです。色も形も異なるおしゃれな家具が揃い、席を選ぶ楽しみもあります。インテリアに溶け込んだコントラバスや古いピアノも、お店で開催されるライブやイベントで活躍するそう。

　おいしい珈琲や焼きたてのケーキとともに、アート・音楽・読書など自分スタイルで楽しんでみて。仙台メディアパークの裏手、赤い看板が目印。

\とっておき空間/

メジャーアーティストの
アコースティックライブも
開催されます。

おすすめメニュー

ガパオ&グリーンカレー 950円
ロコモコ 800円
バターチキンカレー 800円
フレンチトースト650円
ベイクドブルーベリー
チーズケーキ 450円
NYサワークリーム
コーヒーケーキ400円
パフェ 580円
本日のコーヒー 470円

チキンオーバーライス 790円

NY屋台飯。タンドリーチキンにレタスやトマト、チリ&シーザーソースを絡めて。

スコーン 300円(2ヶ)

スコーンはテイクアウトもできます。

特製ハッシュドビーフハンバーグ 900円

肉汁たっぷりジューシーな定番メニュー

Welcome Message

田村さん

SENDAI KOFFEE では、みなさま気負わず自分のスタイルで、思い思いの時間を過ごされているようです。毎朝焼き立てのスイーツは、ぜひ召し上がっていただきたい一品です。ご来店を心よりお待ち申し上げます。

Information

営業時間	12:00～19:00
休業日	なし
座席案内	テーブル席40
禁煙席	全席禁煙
所在地	仙台市青葉区春日町4-25 パストラルハイム春日町1F
電話	022-224-7403
交通	地下鉄勾当台駅より徒歩10分
駐車場	有(1台)無料

本や音楽にふれて世界観が広がるカフェ

＊音楽と珈琲に癒やされる 小さなジャズカフェ＊

JBLのスピーカー・プロジェクトK2とマッキントッシュのプリメインアンプMA6450でレコードとCDを再生しています。

Jazz& Coffee What's New

泉区

じゃず&こーひー わっつにゅー

オーナーさんのジャズへの愛情がこもった小さなカフェ。店名の「What's New」もジャズの名曲から名付けたそう。こだわりの音響設備で、ジャズの名曲を深みのあるナチュラルで繊細な音で楽しめます。

若手演奏家の発表の場として、月一回ほど日曜日の午後にジャズの生演奏が無料で鑑賞できるのも魅力。ジャズ通も初心者さんも、ジャズの魅力にたっぷりひたれるステキな空間です。

＼とっておき空間／

ジャズにこだわらず、幅広い年齢の方が思い思いにくつろげる居心地の良いお店です。

おすすめメニュー

ランチメニュー
(ランチメニューは土日もあり)
ケーキセット　650円
ケーキ400円
ドリンク　250円
パヌッツオやフォカッチャにお店オリジナルのミートパテを挟み込んだテイクアウトメニューもあり

フレンチトースト
900円(税込)

スープ･サラダ･ドリンク付き

ナポリタンセット
900円(税込)

スープ･サラダ･ドリンク付

ハンバーグセット
900円(税込)

ライス・スープ・サラダ・ドリンク付き

Information

営業時間	11:00 ～18:00(L.O.17:30)
休業日	不定休
座席案内	テーブル席17
禁煙席	全席禁煙
所在地	仙台市泉区桂3-10-1
電話	022-218-3917
交通	地下鉄泉中央駅より宮城交通バス桂・高森経由で約10分、桂1丁目北下車徒歩2分
駐車場	有(4台) 無料

Welcome Message

オーナーさん

この度､長年の夢だったジャズカフェを開店いたしました。居心地の良い空間で安らげる音楽を聴いたり、好きな本を読んだり、友人と会話したり、ひとりひとりの心がやさしくなるようなお店になっております。

おいしいごはん

チェリッシュ

ちぇりっしゅ

朝から夜までどの時間でも美味しいごはん、美味しい珈琲

仙台駅前の好立地！モーニングから夜カフェまで、幅広く利用できます。

あおば通り沿いにある3階建てのカフェ。静かに外を眺めながらモーニングタイムで一日を始めるもよし、親しい友だちや仕事仲間と美味しいランチを楽しむもよし。お酒や珈琲によく合うメニューで夜の「ひとりごはん」にもおすすめの大人の隠れ家です。

丁寧に仕込んだ自家製カレーは週に何度も通うほどのファンがいる自慢の逸品。デトックス効果のある宮城県産玄米「金のいぶき」使用の寝かせ玄米などを取り入れた体にやさしいメニューをはじめ、珈琲によく合うスイーツも楽しめます。

＼とっておき空間／

こだわりメニューで
朝から晩まで
楽しめるのが魅力!

おすすめメニュー

寝かせ玄米の
グッドバランス和定食
1,250円
赤城山麓自然卵の
とろぷるオムライス
エビカレーソース
1,500円
珈琲ゼリー→
アッフォガートビター
550円

COB SALAD コブサラダ 1,250円と全国から厳選した梅酒600円～

お洒落なカフェごはんとともに、美味しいお酒を楽しめる。夜カフェとしてもgood♪

ぷりぷり海老のアメリケーヌカレー 1,250円

平日ランチはプチサラダと
ワンドリンク付950円

ハンドドリップ珈琲 580円

マンデリン、ケニア、エチオピアなど、こだわりの豆を丁寧に淹れてくれます。(13:00～)

Welcome Message

スタッフの半澤茉夕さん

厳選した珈琲豆を使用したおいしい珈琲が味わえるお店です。仙台駅前にあるので、地元の方から観光・ビジネスでいらっしゃる方にも心地よい時間を過ごしていただけるような空間づくりを心がけています。

Information

営業時間	月曜日～金曜日　7:00～23:00(L.O.22:00) 土曜日11:30～23:00(L.O.22:00) 日・祝・連休最終日11:30～22:00(L.O.21:00)
休業日	なし(年末年始休みあり) ※毎週火曜日は朝食のみ営業(7:00～10:30)
座席案内	テーブル席35
禁煙席	全席禁煙
所在地	仙台市青葉区中央3-1-18
電話	022-399-8368
交通	仙台駅徒歩5分/あおば通り駅徒歩1分
駐車場	なし

おいしいごはん

Kaffe tomte

かっふぇとむて

家では食べられないような カラダがよろこぶヘルシーメニューをどうぞ

北欧のシンプルでゆったりとした暮らしをイメージさせる店内。

お店のあちこちで目にする、三角帽子のかわいらしいキャラクターは、店名の「ｔｏｍｔｅ」が意味する北欧の妖精だそうです。木のぬくもりが感じられる店内には小さな雑貨がセンスよくディスプレイされ、手書きのかわいらしいメニューにも心がときめきます。

日替わりの「ｔｏｍｔｅランチ」は、おなかいっぱいたべても罪悪感のない、カラダにやさしい料理がいっぱい。素敵な器に彩りよく盛り付けられ、目でも楽しめます。小麦粉の代わりにジャガイモを使ったケーキや、栄養豊富な甘酒や生姜、豆乳を使用したドリンクなども女性には喜ばれるメニューです。

\とっておき空間/

かわいらしい小物と
木のぬくもりに癒される空間。

おすすめメニュー

日替わりtomteランチ
1,080円
tomteのチキンカレー 864円
日替わりtomteボウル
864円
あまざけソイミルク
540円
tomteのジンジャーエール
ソイジンジャー
540円

日替わり tomteランチ 1,080円

一度にたくさんの野菜が食べられる人気メニュー。

あまざけソイミルク 540円

体があたたまるやさしい味。

じゃがいものチョコレートケーキ 410円

食事と一緒に注文すると100円引き。

Information

営業時間	11:30 ～15:00 ランチ(L.O.14:30)
休業日	日、月、祝
座席案内	カウンター席4 テーブル席20
禁煙席	全席禁煙
所在地	仙台市青葉区立町18-12 ライオンズマンション西公園第3 103
電話	080-4938-0038
交通	勾当台駅徒歩約10分
駐車場	なし

Welcome Message

オーナーの相原百合さん(右)とスタッフの高橋枝里さん

繋がりのある生産者さんのこだわりの食材を使用し、おなかいっぱい食べても罪悪感のない食事を提供しています。味だけでなく目でも楽しめる日替わりプレートが一番人気です。是非、みなさまのご来店をお待ちしております。

青葉区

ときめきスイーツ

Rue de l'etoile

るい どぅ れとわーる

フランス料理はもちろん、本格スイーツが気軽にリーズナブルに楽しめる！

店内は広々としているので、女子会はもちろん、結婚式の二次会など各種パーティーまで幅広く利用できます。

フランスのブルゴーニュ地方にある通り「ルイ・ドゥ・レトワール」をイメージしたお店です。１階にはパティスリーも併設していて、オーナーシェフパティシエこだわりの、季節に合わせた色とりどりのケーキや洋菓子が並びます。

贅沢さとカジュアルさを併せ持った雰囲気のレストランでは、気軽なブラッスリーの定番料理から、本格的にコース仕立てで楽しめる料理まで、目でも楽しめるメニューを提供してくれます。ケーキや焼き菓子のセットメニューは女子必見！

＼とっておき空間／

テイクアウトもできる
パティスリー。

おすすめメニュー

ルイ・ドゥ・レトワール　560円
店名のついたガトーショコラと
バナナとベリーのムース

フレジェ　580円
苺とピスタチオクリームのガトー

モンブラン　580円
フランス栗と阿蘇の和栗、クリームにはフランス「ゲランド産塩」を使用。塩味と甘味のバランスが絶品。

ルイ・ドゥ・レトワール アフタヌーンティーセット 1,200円

ショップよりお好きな焼き菓子・マカロンより5点選んで紅茶(ポット)とともに。

ドゥ パティスリー 1,000円

ショップのショーケースよりお好きなケーキを2店選んでドリンク付き。

ルイ・ドゥ・レトワール ランチプチコース 1,300円

ベジタブルスープ・サンドイッチ＆サラダ・紅茶・小さな焼き菓子付き。

Welcome Message

オーナーシェフパティシエの加藤稔之さん

修行時代のフランス　ブルゴーニュクリュニーという町にある実際の通りをイメージしたお店です。ショコラティエとしての経験もあるので、ショコラメニューが豊富です。是非お立ち寄り下さい。

Information

営業時間	11:00 ～22:00(L.O.21:00) ランチ11:30 ～14:30 カフェ14:30 ～16:00 ディナー17:30 ～22:00 ＊パティスリーは21:00まで
休業日	火曜日
座席案内	テーブル席40
禁煙席	全席禁煙
所在地	仙台市青葉区堤通雨宮町2-21クラッセ雨宮ビル1F
電話	022-341-5003
交通	地下鉄北四番丁駅より徒歩5分
駐車場	なし

HAMPSTEAD TEA Room

個性派スタイル

はむすてっど てぃーるーむ

おいしい紅茶と英国家庭菓子で優雅な英国式ティータイム

店内はウィリアム・モリスの壁紙にアンティークの家具や照明、テーブルクロスで英国調の落ち着いた雰囲気。

ティーインストラクターのオーナーさんが営む紅茶専門店です。国内外から厳選した茶葉で淹れた紅茶を、英国の名窯「エインズレイ」の茶器で提供してくれます。紅茶に合うスコーンや自家製スイーツ、野菜たっぷりのランチセットは体へのやさしさにこだわり手作りしています。

ステンドグラスをあしらった窓や壁紙、家具にいたるまで、品のある英国調のインテリアも魅力です。日常を忘れて本場イギリスの優雅なティータイムをどうぞ。

＼とっておき空間／

スリランカから直輸入した上質な茶葉を店頭で販売しています。50g 700円

おすすめメニュー

ポタージュ・ボン・ファム
ランチB
1,050円
ベジタブルスープ・甘くないスコーン＆サラダ・紅茶・小さな焼き菓子付き

ツナとチェダーチーズのホットサンドと本日の紅茶
1,100円
土日のみ、数量限定のメニュー

ポタージュ・ボン・ファム ランチA 1,200円

ベジタブルスープ・サンドイッチ＆サラダ・紅茶・小さな焼き菓子付き。

クリームティーセット 1,200円

スコーン2個・お好み紅茶（ポット）・クロテッドクリーム＆自家製ジャム

塩キャラメルのカップケーキ

動物性たんぱく質（卵、バター等）を使用せず発酵豆乳マーガリンでつくります。濃厚に見えるのは黒糖の色、マルドンの塩をのせて食べるのがおすすめです。

Welcome Message

オーナーの平中さん

石臼で挽いた小麦で作ったスコーンは香りがよく、食感は外がザクモロ、中はホロリとしています。たっぷりのクロテッドクリームと手づくりのジャムで紅茶とともにお楽しみ下さい。

Information

営業時間	11:00 ～19:00 ランチ11:30 ～
休業日	なし
座席案内	テーブル席24
禁煙席	全席禁煙
所在地	仙台市青葉区一番町3-8-24 シャルムビル3F
電話	022-711-7888
交通	地下鉄広瀬通駅及び青葉通駅より 徒歩3分
駐車場	なし

おいしいごはん

kroegcafe

くるーふかふぇ

仙台駅からすぐ！ 昼も夜も使える隠れ家的カフェ

白と黄を基調にした明るく楽しい雰囲気のお店。地下2階まで降りていくのでワクワクした気分に。

仙台駅から徒歩5分ほどの好立地にあります。街中にありながら、ビルの地下なので都会の喧騒を離れた隠れ家のような空間。店内にらせん階段や個室スペースまであるので、普通のカフェとは違った雰囲気が楽しめます。

ランチはサラダ・スープが付く日替わりメニューが3種類。カフェタイムには、濃厚なチーズケーキがおすすめです。アルコールメニューも豊富なので、女子会や同窓会など夜の集まりにもぴったり♪

\とっておき空間/

階段も遊び心いっぱいの
インテリア。

おすすめメニュー

クルーフカフェランチ
1,050円〜
チーズケーキ
500円
ハイネケン生ビール
630円
ハートランド
630円

ケーキ　500円
コーヒー550円

思わず笑顔になってしまう
可愛いらしいケーキと美味
しいコーヒーをどうぞ。

サンドウィッチプレート
1,050円

野菜もたくさん摂れるヘルシーなメニューです。

サングリア
630円

フレッシュなフルーツを
たっぷり使っています。

Information

営業時間	12:00 〜23:00(L.O.22:30)
休 業 日	不定休
座席案内	カウンター席4 テーブル席16 個室あり
禁 煙 席	禁煙タイム12:00 〜15:00
所 在 地	仙台市青葉区中央1-6-39 菊水ビル仙台駅前館 B1F
電　　話	022-211-8078
交　　通	JR仙台駅より徒歩で約5分
駐 車 場	なし

Welcome Message

店長さん

地下2階まである変わった造りの店内をお楽しみください。昼は日替わりランチやおいしいスイーツ、夜は豊富なアルコールとお酒に合うメニューをご用意してお待ちしております。

おいしいごはん

40計画

40けいかく

可愛いカフェでいただく
懐かしいお母さんの味

カウンター席のほかに、ゆったりくつろげるソファ席も用意されています。

バリエーション豊富なマフィンと家庭料理が自慢のカフェです。外観も内観も可愛らしい雰囲気が女性に人気♪

朝の8時から、おにぎり2種とおかずが2～3種類入ったおにぎり弁当（500円）を販売。なくなり次第終了してしまうのでお早めに！予約も承っています。食材の旬を活かした家庭料理を日替わりで楽しめるランチメニューもおすすめ。広瀬通から少し入ったところにある白と水色の壁が目印です。

＼とってかおき空間／

かわいいインテリア小物を
眺めるのも楽しい店内。

おすすめメニュー

40計画ごはん（11時～）
800円

月　ビビンバの日
火　ハンバーグの日
水　コロッケの日
木　スープの日
金　ロールキャベツの日
土　caféプレート
　　＆オムライスの日

40計画ごはん 800円

素朴であたたかい家庭料理が日替わりで楽しめます。

40計画 MUFFIN 180円～

40計画では定番のマフィンを販売。
姉妹店、40planでは季節限定のマフィンを販売しております。

40plan カプチーノ 500円

40plan 豆＋生クリーム＆シナモン

Information

営業時間	8:00～18:00 （開店時間は目安。要問合せ） 土曜日11:00～
休業日	日曜日、祝日
座席案内	カウンター席7 テーブル席6
禁煙席	全席禁煙
所在地	仙台市青葉区本町2-5-14 加藤ビル1F
電話	022-721-1338
交通	地下鉄広瀬通駅より徒歩で約5分
駐車場	なし

Welcome Message

店長の細井さん

カレー、オムライス、ハンバーグ……お母さんが作ってくれた、子どもの頃に食べた懐かしいメニュー。スタイル、ソースが毎週変わります。懐かしい、だけど新しい、そんな味に出会える40計画に遊びにきて下さい。

仙台箪笥&カフェ　けやき

癒し空間

せんだいだんす&かふぇ　けやき

和情緒あふれる空間で　アメリカ仕込みのスイーツをいただく

仙台箪笥のショールームに併設した、漆塗りの落ち着いた空間です。

古民家を漆職人が現代風のおしゃれな和空間に甦らせたモダンなカフェです。日本の伝統的な「美」を感じられる落ち着いたインテリアが魅力。クラシックやジャズをBGMに、優雅なティータイムが過ごせます。

アメリカ東海岸の伝統的スイーツを扱う「松之助NY」のチーズケーキやアップルパイ、スコーンを京都から取り寄せています。京都や代官山で大人気の味を、上質なコーヒーや紅茶とともに楽しんでみて。

\とっておき空間/

和雑貨のコーナーも
見ごたえがあります。

おすすめメニュー

けやきオリジナルブレンドコーヒー
350円
氷温熟成珈琲　350円
ミルクたっぷり泡立ちカフェオレ　400円
最高品質の
ダージリンストレートティー　450円
アイスモカショコラ　480円
京都松之助N.Y.のケーキセット
650円～
ホットケーキセット　680円

山形鉄瓶で注ぐ「まぼろしのトアルコトラジャーヒー」700円

（チュイール付）ドリンクは全て2杯目以降100円引き。

ケーキセット 650円～

写真は京都松之助N.Y.の「ブラックアウトチョコレートケーキ」と「ミルクたっぷりの泡立ちカフェオレ」。

ホットケーキセット 680円

ホットケーキ・バニラアイス・メープルシロップ・ドリンク付き。ふわふわのホットケーキで楽しいティータイムを。

Welcome Message

店長の大原さん

大正時代に建てられた古民家を利用した「大人の隠れ家」的空間です。クラシックやジャズの音色、コーヒーの香りにほっと一息つきながら、本物の素材の美しさを感じていただけたらうれしく思います。

Information

営業時間	10:00 ～18:00（L.O.17:30）
休業日	なし
座席案内	カウンター席4 テーブル席 26
禁煙席	全席禁煙
所在地	仙台市青葉区堤町1-2-70 シティウィング北仙台1F
電話	022-271-5231
交通	地下鉄北仙台駅より徒歩7分
駐車場	有（7台）無料

青葉区

ときめき
スイーツ

Cafe Kotonoha

かふぇ　ことのは

ショーケースのケーキたちに心ときめくほっこりカフェ

スタッフさんが心のこもったおもてなしをしてくれるので、ひとりでも気軽に立ち寄ってみて。

北仙台駅から少し歩いたところにあるスィーツが自慢のカフェ。木の温もりを活かしたナチュラルなインテリアは、ほっとする可愛らしい雰囲気です。ショーケースには毎日15種類ほどのケーキが並び、選ぶのもまた至福のひととき。

いろいろ食べたい欲張りさんはケーキ・焼き菓子・ゼリーなどいろいろ楽しめるデザートプレートをどうぞ♪　テイクアウトや焼き菓子のギフトラッピングも対応しています。

＼とっておき空間／

素材そのもののよさを
堪能できるお菓子たち。

おすすめメニュー

クリームブリュレ　410円
シュークリーム　324円
チーズケーキ 378円
フルーツロール　410円
季節のショートケーキ　453円
ガトーショコラ　324円
モンブラン　518円
デザートプレート　1,296円

サンドイッチセット
864円

ハーブ入りスクランブルエッグのサンドイッチなどの週替りサンドイッチと自家製ピクルス＋ブレンドコーヒーor紅茶

デザートプレート
1,296円

本日のおすすめケーキ2品・焼き菓子・コーヒーゼリーの盛り合わせ＋ブレンドコーヒー or紅茶。

モンブラン
518円

フランボワーズムース入りの軽やかなモンブランです。好きな飲み物とセットで50円引き。

Information

営業時間	10:00 ～18:00
休 業 日	毎週月曜日・第1、第3火曜日
座席案内	テーブル席8
禁 煙 席	全席禁煙
所 在 地	仙台市青葉区堤通雨宮町5-22-101
電　　話	022-728-5157
交　　通	地下鉄北仙台駅より徒歩10分
駐 車 場	なし

Welcome Message

小笠原さん

厳選素材を使用し、季節感のあるケーキを揃えています。おだやかな空間で丁寧に淹れたコーヒーや紅茶とご一緒に、つくりたてのケーキをお楽しみください。

青葉区

個性派スタイル

道草屋

みちくさや

思わず道草したくなる
本格日本茶カフェ

カウンター席もあるので、ひとりでも気軽に立ち寄れます。

本当に美味しい日本茶が、ケーキと一緒に楽しめるカフェです。お店で扱う茶葉は、店長さんが日本各地のお茶農家さんから選りすぐり、直接仕入れたもの。こだわりの茶葉で丁寧に淹れてくれるお茶は、一口一口が滋味深い味わいです。そのほか、手作りのケーキやカレーもおすすめです！

それぞれのお茶がどんな時に合うのか、メニューに書いてあるのも嬉しい心遣い。いつもは珈琲派も、ここではケーキと日本茶の相性を楽しんでみては。

＼とっておき空間／

おすすめの茶葉の
販売もしています。

おすすめメニュー

静岡（煎茶）　450円
三重（煎茶）　430円
ミルクほうじ茶　500円
抹茶ラテ　500円
コーヒー　450円
カフェオレ　500円
自家製ガトーショコラ　500円
寄り道プレート　650円

チキンカレー 720円

お茶屋がまじめに作ったカレー。ドリンクとセットで100円引き。

抹茶モカ 580円

抹茶のコクと香りが際立つ、大人のチョコレートドリンク。

寄り道プレート 650円

自家製ケーキが2種類味わえるハッピーなひと皿。ドリンクとの同時注文で50円引き。

Welcome Message

道草屋
MICHIKUSAYA

佐藤さん

日本各地の茶農家さんから直接仕入れたお茶を急須で丁寧に淹れ、日本茶本来のおいしさを引き出しています。こだわりのチキンカレーや手作りケーキとご一緒にどうぞ

Information

営業時間	11:00 ～20:00(L.O.19:30)
休業日	月曜日(祝日の場合は翌日)
座席案内	カウンター席4 テーブル席14 テラス席2
禁煙席	全席禁煙
所在地	仙台市青葉区北目町1-40-1F
電話	022-721-1505
交通	JR仙台駅より徒歩で約15分
駐車場	なし

自分のスタイルでコーヒーブレイクを楽しむカフェ

＊日常から解き放たれる
極上の「時間」「空間」「珈琲」＊

4メートルもある高い天井、クラシック音楽のBGMなど優美な空間が広がっています。

ホシヤマ珈琲店アエル店

青葉区

ほしやまこーひー　あえるてん

高い天井にゆとりのある座席、季節の生花に彩られた優雅な空間が自慢のカフェです。壁一面に飾られた世界各国約1000客のカップの中から、ひとりひとりに合ったカップを選んで淹れてくれる自家焙煎のコーヒーは格別。「煎りたて・挽きたて・淹れたて」の味を堪能してみて。

アエル2階にあるので、ショッピングのあとや仕事帰りに非日常の贅沢なひとときをどうぞ。

＼とっておき空間／

店内中央にある
生花も見ごたえあり。

おすすめメニュー

アフタヌーンセット　2,376円
サンドウィッチ・ケーキ・デザート・
コーヒー（おかわり1杯つき）
11:30 ～の数量限定セット
チーズケーキセット
1,620円
ロイヤルブレンド
1,188円
プレミアムブレンド
1,404円

モンブラン ケーキセット 1,728円

ロイヤルブレンド
orプレーンティー付き

アフタヌーン セット 2,376円

アエル店限定の月替わりメニュー（11:30 ～17:00）。写真は参考例。

クラブハウス サンドウィッチセット 1,836円

ベーコン・タマゴ・スモークチキン・キュウリ・トマト・クレソンと具沢山のサンド
コーヒーつき

Information

営業時間	10:00 ～20:00
休業日	施設に準ずる（12/31,1/1）
座席案内	カウンター席10 テーブル席78
禁煙席	66席
所在地	仙台市青葉区中央1-3-1AER2F
電話	022-723-8111
交通	JR仙台駅西口より徒歩5分
駐車場	有（AERビル駐車場）有料

Welcome Message

支配人さん

ホシヤマがお客様に提供するのは、「時間」と「空間」です。日々の忙しい「時間」を忘れ、特別な「時間」と「空間」を感じていただきたいという思いで、心を込めてコーヒーを淹れております。

＊珈琲大好き店主こだわりの豆とハンドドリップで
最高の珈琲が楽しめる＊

木を基調とした落ち着いた雰囲気の店内はゆったり過ごせる空間

自家焙煎《じかばいせん》 珈琲まめ坊《こーひーまめぼう》

青葉区

広瀬川沿いにある、珈琲好きの店主が営む珈琲店。直接訪れた国や地域から仕入れたスペシャルティコーヒーのみ、20種類ほどを取り揃えています。珈琲は豆の特徴を最大限に引き出すよう、丁寧に自家焙煎。お好みの珈琲と、お好みの器で至福のひとときが過ごせます。また、手作りのトーストやケーキなどもご用意。珈琲のお供にどうぞ。

お店には、今まで訪れた国や地域の写真アルバムが置いてあるので、実際の産地の様子を知りながら珈琲を楽しめます。珈琲豆は持ち帰りができ、ギフトにも対応しています。

\とっておき空間/

豆の特徴を最大限に引き出す
自家焙煎の珈琲が自慢です。

おすすめメニュー

オリジナルブレンド
648円～

シングルオリジン
864円～

自家焙煎珈琲豆の販売
100g/702円～

季節のブレンドと自家製ケーキ

季節のブレンドは，年間通して15種類ほどをご用意。またケーキは珈琲代プラス216円～です。

珈琲豆各種 100g/702円～

約20種類ものコーヒー豆が揃っており、お好みに合わせておすすめを紹介してくれます！

オリジナルブレンド「広瀬川ブレンド」648円

広瀬川をイメージした軽やかでさわやかな味わい。

Information

営業時間	12:00 ～19:00
休業日	木曜日(祝日は営業)
座席案内	カウンター席5 テーブル席10
禁煙席	全席禁煙
所在地	仙台市青葉区米ヶ袋1-1-12
電話	022-738-8066
交通	青葉通一番町駅から徒歩5分
駐車場	有(3台) 無料

Welcome Message

店長の青木さん

世界各地の農園から選びぬいたスペシャルティーコーヒーのみを丁寧に自家焙煎。生産者の顔が見える珈琲を紹介するために、自ら数か国の産地も訪問しています。広瀬川の息吹を感じながらその思いのこもった一杯をお好みの器でお楽しみください。

＊仕事帰りにも利用できる 癒やしのカフェ＊

木の温もりを大切にした店内は居心地がよく、お友だちと一緒ならおしゃべりも弾みます。

COCTEAU

宮城野区

こくとー

時間がゆっくりと流れる隠れ家のようなカフェです。広々とした店内は、アンティークのテーブル席やソファ席もある癒やしの空間。ひとりでのんびりしたい時には、景色を眺められる窓際がおすすめです。

平日ランチタイムは、体にやさしい日替わりメニューやサンドイッチが手頃な価格で食べられます。サクサク食感のワッフルも人気♪　22時まで営業しているので、お仕事のあとにほっと一息つく場所としてもどうぞ。

＼とっておき空間／

ゆったり過ごせる
ソファー席もあります。

おすすめメニュー

季節のフルーツワッフル
1,026円
ホワイトチョコレートブラウニー
454円
ランチメニュー（土・祝日は別価格）
日替わりランチ
800円
サンドイッチ
950円

平日 日替わりランチ 800円

写真は、粗挽きポークの五目つくねがメインのひじき生姜ごはんと手作りお惣菜のプレート。ごはんのランチは日替わりです。その他、サンドイッチのランチも3種類あります。

コクトーブレンド 432円

お店の看板メニューです。

キャラメルバナナ&ナッツワッフル 918円

ドリンクセット(1,074円)にすることもできます。

Welcome Message

スタッフより

お茶やお菓子を楽しみながら、のんびりと過ごしていただければと思います。夜も22時まで営業しておりますので、仕事帰りにもお立ち寄りください。

Information

営業時間	月・火・木　12:00 ～22:00 火12:00 ～18:00 金・土12:00 ～23:00 （L.O.は1時間前）
休業日	日曜、年末年始他
座席案内	テーブル席24
禁煙席	全席禁煙
所在地	仙台市宮城野区榴岡4-4-6 八木ビル2F
電話	022-295-5911
交通	JR仙台駅東口より徒歩5分
駐車場	なし

癒し空間

Sweet Spice Asano

すうぃーとすぱいすあさの

静かで落ち着いた雰囲気の中、季節を感じるメニューでほっと一息

アンティーク家具に囲まれた落ち着いた雰囲気の店内

アンティーク家具に囲まれた、落ち着いた雰囲気の裏路地カフェ。仙台近郊の野菜を使った旬の食事メニューをゆっくり楽しむことができます。さりげなく飾られたセンスの良い生花は、視覚からも季節を感じさせてくれることでしょう。

夏期は自家製シロップのかき氷、冬期はとちもちぜんざいなど、季節限定のメニューも提供されています。自家製の焼き菓子にぴったりのオリジナルブレンドコーヒーもおすすめ。旬の野菜を使った美味しいお料理とスウィーツで、とっておきのカフェタイムを楽しんでみては？

＼とっておき空間／

焼き菓子の並ぶ
ショーケースにわくわく！
美しい季節の生花にうっとり。

おすすめメニュー

ごはんセット 750円
スープセット 700円
アメリカンホットビスケット
680円
チーズケーキセット 750円
アイスクリーム 500円
焼き菓子
マフィン クッキーなど
250円～

パスタセット
750円
（日替パスタ、
スープ、サラダ）

マフィン 350円

ホットチョコレート
550円

Information

営業時間	11:00 ～19:00 （L.O.18:30）
休 業 日	毎週日曜日・第1月曜日・第1火曜日
座席案内	テーブル席4
禁 煙 席	全席禁煙
所 在 地	青葉区花京院2丁目1-40
電 話	022-263-1157
交 通	仙台駅から徒歩15分
駐 車 場	有（1台）無料

Welcome Message

店長の浅野さん

住宅街に一歩入った所にある季節感を大切にする小さな店。旬の地元食材を使ったフードメニューや夏にはかき氷、冬にはとちもちぜんざい等の限定メニューも。アンティーク家具に囲まれた空間でゆっくりとした時間をお過ごしください。

青葉区

カフェ モンサンルー

かふぇ　もんさんるー

本格コーヒー

極上のコーヒーと穏やかな時間を

童心にかえるような絵本や、生活に役立つ本なども置かれています。

まるで甘露のようにまろやかなコーヒーを淹れてくれる隠れ家カフェ。木の温もりが感じられるインテリアは居心地がよく、ゆっくりと流れるときに癒やされます。大切な方との語らいのお時間や、お仕事中のひと休みにもおすすめ。半個室スペースもあります。

　本もたくさん置いてあるので、コーヒー片手に至福の読書もおすすめです。北四番丁駅から歩いて2~3分、通り過ぎてしまうような奥まったところにありますが、裏路地の白い扉を目印に。

＼とっておき空間／

半個室のスペースで
楽しいおしゃべりタイム

おすすめメニュー

ネルドリップブレンドコーヒー
500円
天のミルクティー　650円
フレーバーオーレ
650円
チーズケーキ　550円
カプリ風チョコケーキ　550円
ツナチーズとアボカドの
ホットサンドイッチ
600円

月のハーブティー 600円

満月、新月、上弦、下弦の4種類。その日の月の満ち欠けに合わせても、お好みの味で選んでも。

自家製 チーズケーキ 550円

ブレンドコーヒーに合うように作られた、濃厚な味わいのチーズケーキ。

焼きサンドセット 1,000円～

写真はツナとアボカドのサンドとブレンドコーヒー。

Welcome Message

大内さん

一歩店内に入っていただくと、日常とは少し違う、ゆったりとした時間が流れています。皆様の大切な時間が、より良きものとなりますようにスタッフ一同心を込めた空間の提供を心がけています。

Information

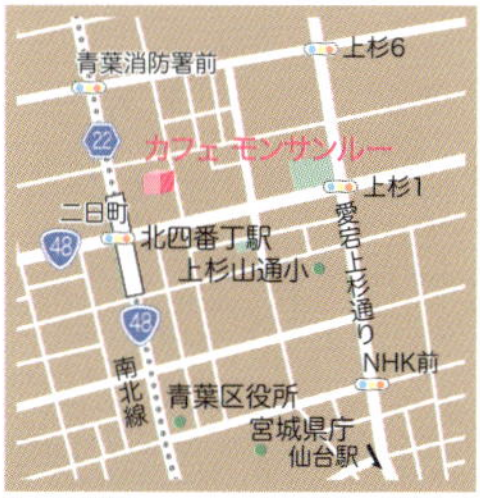

営業時間	平日12:00 ～21:00(L.O.20:30) 土曜日13:00 ～19:00(L.O.18:30) 日祝日12:00 ～19:00(L.O18:30)
休業日	金曜日
座席案内	テーブル席17 半個室あり
禁煙席	全席禁煙
所在地	仙台市青葉区上杉二丁目3-42 カーサ上杉1F
電話	022-264-3611
交通	地下鉄北四番丁駅より徒歩2分
駐車場	なし

青葉区

個性派スタイル

Salut《さりゅー》

おいしいケーキと珈琲、人気の自家製パンに楽しい雑貨、ワクワクが詰まったカフェ

フランスなど異国を思わせるかわいらしい雑貨も並んでいます。

店長さんが留学したカナダのモントリオールをイメージしたおしゃれなカフェ。緑に囲まれた赤い屋根の建物が目印です。国内外の生活雑貨と、ヴィンテージや新品の北欧キッチン雑貨も取り扱っているのでインテリアやお料理好きな女子にもおすすめ♪

メニューはどれも、手作りのやさしい味わいが好評です。モントリオール仕込みのキャロットケーキはサリューならではなので、ぜひ試してみて。

\とっておき空間/

明るいテラス席は
リゾート感覚でく
つろげる空間。

おすすめメニュー

Today'sスープ　380円
Salutカレー　730円
日替わりSalutランチセット　730円
自家製パンのサンドウィッチセット
860円
煮込みランチセット　860円
大人気のSalutのキッシュランチ
730円
Salut おすすめ限定プレート
1,240円

キャロットケーキ 450円

モントリオール仕込みのスパイスのきいたしっとりケーキ。

Salutおすすめ限定プレート 1,240円

サラダ・キッシュ・スープ・お肉・ニョッキ・パン2種・デザート・ミニコーヒー。

ジンジャーティー（ポット）760円

自家製ジンジャーシロップティーをたっぷりどうぞ。

Information

営業時間	ランチ11:00 ～16:00(L.O.) ディナー16:00 ～21:00(L.O.20:30)
休業日	日曜日
座席案内	カウンター席6 テーブル席24
禁煙席	ランチタイムは店内禁煙
所在地	仙台市青葉区二日町6-6 1F
電話	022-713-9520
交通	地下鉄勾当台公園駅より徒歩4分
駐車場	なし

Welcome Message

青田さん

フランス語でサリューはさまざまなシーンで使える親しみの言葉。ランチにカフェにディナーに、いつでもお気軽に立ち寄れる場所です。自慢の自家製パン、ワクワクする雑貨を緑あふれるサリューでお楽しみ下さい。

ときめきスイーツ

pancake&cafe 38mitsubachi®

ぱんけーき&かふぇ　みつばち

絵本で見たようなふわふわのパンケーキ

ガラス張りで明るい店内は、天井も高く開放感いっぱいです。

東北初のパンケーキ専門店です。白と木のコントラストが可愛らしい店内で、絵本に登場しそうなふわふわのパンケーキが楽しめます。

　バターミルクを使用したパンケーキは甘さ控えめ。スイーツ系はもちろん、舞茸チーズ&ベーコンなどのお食事系まで種類豊富に楽しめます。口に入れた瞬間にふんわり溶けていくパンケーキは、何度食べても幸せな気分にしてくれます♪

　北四番丁駅から歩いてすぐの立地も嬉しい。

＼とっておき空間／

白い壁に描かれた
パンケーキのイラストも
可愛らしい。

おすすめメニュー

ランチメニュー
ワンプレートランチ
950円(単品)～
バターミルクパンケーキ
626円(単品)～

ベリーベリーパンケーキ 1,188円

クリームたっぷり女子に人気♪

炭火焼きハンバーグのロコモコパンケーキ　1,058円

お食事系パンケーキも人気♪

38クリームソーダ 594円

数種類のベリーが入った見た目
もかわいいクリームソーダ。

Information

営業時間	朝カフェ8:00 ～10:00(L.O.) カフェ10:00 ～19:00(L.O.18:30) ランチ11:30 ～14:00(L.O.)
休業日	なし
座席案内	カウンター席2 テーブル席14
禁煙席	全席禁煙
所在地	仙台市青葉区二日町12-25 グランディープレステージ1F
電話	022-721-0238
交通	地下鉄北四番丁駅より徒歩1分
駐車場	なし

Welcome Message

スタッフさん

1枚1枚丁寧に焼き上げる、東北初のパンケーキ専門店。バターミルク（乳清）を使用し、ミルクがよく香る生地はふんわり軽く、口の中でやさしく溶けて行きます。是非味わってみて下さい。

個性派スタイル

わでぃはるふぁ

わでぃはるふぁ

エスニックな雰囲気の中 世界のお茶と雑貨を楽しめる

エスニックなものがたくさん並べられた店内。ひとりでも気軽に立ち寄れます。

世界中を旅したマスターが営む個性的なカフェ。インドのチャイ、アルゼンチンのマテ茶、スイスのムエスリ、ベトナム風のバインミーなど、世界中のこだわりの味が楽しめます。マスターが旅先で見つけた小物類も販売。仙台にいながら異国の旅気分が味わえるのも魅力です。

炭火焙煎で名高い神戸の萩原珈琲や、夜はビール・ワインをいただきながら、話題の豊富なマスターと会話を楽しんでみては。青葉通りの看板を目印に。

＼とっておき空間／

窓際の席からは通りの
ケヤキ並木が眺められます。

おすすめメニュー

ミートソーススパゲティセット
870円
18:00までのメニュー。
ピリッとスパイシーな味が大人気。

アルゼンチンオムレツ
600円

りんごとさつまいものタルト
350円

インド風チャイ
500円

ムスエリ 550円

元々はスイス料理です。ヨーグルトにナッツをのせました

バィン・ミーセット 800円

ベトナム風サンドです。ミニヨーグルト・飲み物付き

チーズケーキ 350円

わでぃ特製のチーズケーキです。
飲み物付きは750円。

Information

営業時間	12:00 ～23:00 日祝日は13:00 ～19:30
休業日	不定休
座席案内	カウンター席8 テーブル席 18
禁煙席	8席あり
所在地	仙台市青葉区大町2-2-2ヴィラフォレスタ1F
電話	022-225-5241
交通	地下鉄東西線大町西公園駅より 徒歩で約3分
駐車場	なし

Welcome Message

マスターの中田さん

当店は仙台で最も落ち着いた雰囲気のある街並みに位置し、目の前には美しいケヤキ並木が続いています。店内はエスニックな物で満たされ、ベトナム風サンドイッチなどもお楽しみいただけます。

癒し空間

CAFE soyo

かふぇ そよ

「おもてなし」が心地よい 茶室みたいなカフェ

茶室のように無駄を削ぎ落とした空間は、心までリラックスできます。

茶道のココロを取り入れたこだわりのカフェです。特別な鉄釜で沸かしたお湯で淹れるコーヒーや抹茶は、ｓｏｙｏならではのまろやかな味。食事は玄米ごはんと野菜をたっぷり使った体にやさしい料理を提供してくれます。

作家さんの個性が光る器も販売。家でのティータイムも特別な時間にしてくれそうです。和の美意識やおもてなしを感じながら、心も体もくつろげる贅沢なひとときをどうぞ。

＼とっておき空間／

カウンター席でおしゃべりしながら楽しくお茶を。

おすすめメニュー

抹茶（薄茶）500円
ベイクドマロンテリーヌ450円
ずんだクリームチーズテリーヌ
450円
ほうじチャイ600円
旬のカレー
（ティーペアリング2種付き）
1,300円
ランチ日替り950円

ティーペアリング 550円

食前茶のスパークリング茶、食中茶などオリジナルブレンドのお茶コースも楽しめる。

旬のカレー　950円

玄米ご飯とたっぷりの野菜が添えられています。

そよ玉　そよ板 各200円

あんこにホワイトチョコを練り込んだ、そよ玉9種。たくさんの木の実とドライフルーツが入った飴菓子。

Information

営業時間	11:30～21:00（L.O.） 祝日以外の月曜は～15:00
休業日	無休
座席案内	カウンター席3 テーブル席11
禁煙席	全席禁煙
所在地	仙台市青葉区柏木1-1-50
電話	022-272-0729
交通	地下鉄北四番町駅より徒歩5分
駐車場	なし

Welcome Message

遠藤さん

CAFE soyoは、カフェと茶道が出会って生まれたカフェです。カフェの持つ楽しさ、茶道の「おもてなし」のココロ。堅苦しい感じではなく、soyoの感覚をsoyoで触れてもらい、楽しんでいただけたら幸いです。

個性派スタイル

maruho cafe

まるほかふぇ

伝統とオリジナリティが織りなす楽しいおもちメニュー

カラフルな椅子とおしゃれな照明が目を引く可愛らしい雰囲気。ゆっくりとくつろげる空間です。

「お餅屋」+「カフェ」という意外な組み合わせが魅力のカフェです。店長さんのおじい様の代から続く老舗餅屋「萩乃屋」の伝統を引き継ぎ、宮城県産の高級もち米「みやこがねもち」100%のお餅を使用。伝統食であるお餅を、おしゃれなプレートやパフェなど自由にアレンジしたメニューで楽しめます。

ランチタイムは、食後に昔ながらのでんがく餅が付いてくるランチセットが人気！ボリュームたっぷりで男性にもおすすめです。

\とっておき空間/

上段にテイクアウトのでんがく餅、下段に手作りのガラスアクセサリーが並んでいます。

おすすめメニュー

お餅の4種ちょこっとプレート
432円
チョコ＆ホイップクリーム・ラズベリー・ハニークリーム・きなこ

でんがく餅　各1本　￥112
あんこ・ごま・しょうゆ

ランチメニュー
本日のおこわランチ 1,080円
本日のパスタランチ　972円

ほうじ茶ミルク（432円）とマルホパフェ（486円〜）

ほうじ茶をミルクで煮出した和風ロイヤルミルクティーはほっとする味です。おもちがのったマルホパフェは和風、キャラメル、チョコ、ストロベリーの4種類。サイズはスタンダードサイズ（702円）、ミニ（486円）から選べます。

本日のパスタランチ 972円

毎日日替わりのパスタランチも好評です。写真はしらすとわさび菜のペペロンチーノ。

本日のおこわランチ 1,080円

日替わり、限定10食のランチセットです。写真はおこわのオムライスセット。ドリンクとお餅がつきます。

Information

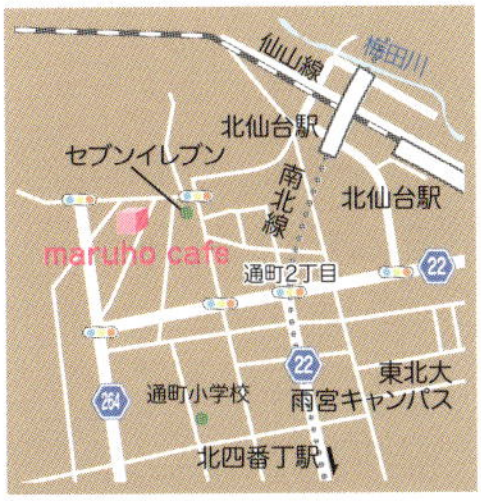

営業時間	11:00 〜16:00 （お餅の販売は9:00 〜16:00）
休 業 日	木曜日
座席案内	テーブル席15 テラス席2
禁 煙 席	店内　※テラス席のみ喫煙可
所 在 地	仙台市青葉区北山1丁目2-24
電　　話	022-707-3621
交　　通	北仙台駅より徒歩で約5分
駐 車 場	有（5台）無料

Welcome Message

店長の穂積さん

maruho cafeではボリュームたっぷりのランチとつきたてのお餅で皆様のお越しをおまちしております。季節でおすすめのスイーツのメニューもころころ変わりますのでお楽しみに！

癒し空間

café Mozart Atelier

かふぇ もーつぁると あとりえ

広瀬川のせせらぎに耳を澄ます 癒やしのカフェタイム

広々とした明るい店内。お気に入りの席を見つけてゆっくりカフェタイム。

東北大学の近くにある、自然を感じながらくつろげるカフェ。さりげなく飾られたリトグラフや写真、一脚一脚が個性的な椅子が不思議と調和したセンスの良い空間です。

おすすめは広瀬川を見おろせるテラス席。天気の良い日には、静かに流れる広瀬川を眺めながら、贅沢なひとときが過ごせます。月3～4回行われるクラシックやジャズ、ポップスのライブも必見。詳細は気軽にお問い合わせを。

\とっておき空間/

緑に囲まれたテラス席。深呼吸したくなるような空間で、美味しいスイーツやコーヒーがいただけます。

おすすめメニュー

カフェウクライナ　550円
コーヒー＆ココアの上に生クリーム・ウォッカ・くるみ

カプチーノモーツァルト
550円
コーヒーと生クリームの上にシナモンパウダー

ランチタイムメニュー（11:30 ～14:30）
コロコロ玉ねぎと
マッシュルームのビーフシチュー
950円

平日15:00 ～のメニュー
アフターヌーンプレート 750円～

ケーキセット 750円～

ケーキは7種、ドリンクは9種から選べます。写真は「ショコラ・デ・モーツァルト」と「カフェオレ」。

ベイクドチーズケーキ 550円

ブルーベリージャムと一緒に召し上がれ。

ランチメニューのバスタセット 900円

2種のパスタから選べます。写真は「ベーコンとモッツァレラのトマトソースパスタ」。ドリンク付き。

Information

営業時間	11:00 ～20:00（L.O.）
休業日	なし
座席案内	テラス席26 テーブル席40
禁煙席	全席禁煙
所在地	仙台市青葉区米ヶ袋1-1-13 高田ビルB1F
電話	022-266-5333
交通	JR仙台駅より宮城交通バスで「片平小学校前」下車、徒歩で約1分
駐車場	有（5台）無料

Welcome Message

スタッフの生山さん

街中にありながら、緑に囲まれたテラス席からの眺めが最高です。友人宅を訪れたような落ち着けるインテリアに囲まれて、手作りスイーツやお茶をどうぞ

癒し空間

café haven't we met

かふぇ はぶんとうぃーめっと

コーヒーの香りに包まれて のんびり読書タイム

北欧家具を使ったあたたかみのある空間。本棚にぎっしりと並んだ洋書や写真集は、ついつい時を忘れて見入ってしまう素敵なものが揃っています。

手作りケーキとコーヒーが自慢のカフェ。洋書、写真集、絵本などセンスのよい本がたくさん置いてあるので、ひとりで気軽に立ち寄って、おいしいコーヒー片手に贅沢な読書タイムを楽しむのもおすすめです。座席はゆったりとした間隔で配置されているので、周りを気にすることなくのんびりくつろげるのも魅力。

　コーヒーは丁寧に抽出したピュアで香り高い逸品です。ファンの多い手作りケーキとともに召し上がれ。

＼とっておき空間／

窓に向かった
カウンター席だから、ひとりで
のんびりと過ごせます。

おすすめメニュー

ラッテマキアート
574円
カフェアフォガート
648円
ハニーレモネード
626円
カフェカルーア
756円

ベイクド
チーズケーキ
540円

しっかりとした口あたりで、
ほどよい酸味のチーズケーキ。

カプチーノ
572円

かわいらしいラテアートも魅力。

ブレンドコーヒー
540円

一杯一杯丁寧に抽出した
質の高いブレンドコーヒーも。

Welcome Message

店長の佐藤さん

少し照明を落とした落ち着いた空間で、ゆったりと寛いでいただけます。一杯一杯丁寧に抽出した質の高いコーヒーと手づくりの美味しいスイーツをご用意して、皆様のご来店をお待ちしております。

Information

営業時間	14:00～23:00（日祝～20:00）
休業日	不定休
座席案内	カウンター席4 テーブル席20
禁煙席	全席禁煙
所在地	仙台市青葉区国分町3-9-2 第5佐々木屋ビル3F
電話	022-212-1755
交通	地下鉄勾当台公園駅より徒歩5分
駐車場	なし

ヘルシーメニューに心もからだもよろこぶカフェ

*豆からこだわったコーヒーと、
体にやさしいスイーツ。*

米粉スイーツ＆米粉パンなどのグルテンフリースイーツが楽しめるカフェ

Cafe 高麗屋

かふぇ こまや

青葉区

青葉通一番町駅に直結するビルの1階にある、心安らぐ音楽の流れるカフェ。オーナーは東北の復興への道を作りたいとの気持ちから、未来に夢と希望ある仕事をと、被災地山元町に焙煎工場をつくり、仙台にカフェを創られたとのこと。山元町で特別に焙煎されたエチオピアの100%野生のコーヒーが楽しめます。また、シェフが四季折々の果物などを使い、創作しているスイーツなどは全てグルテンフリー。メニューは全てオーナー作の世界に一つの心模様作品という器で提供してくれます。

＼とっておき空間／

山元町の焙煎工場で焙煎されたコーヒー豆やグルテンフリーの品々が充実したテイクアウトコーナー。

おすすめメニュー

特別焙煎
ネルドリップコーヒー
1,000円
米粉と木ノ実の
シュークリーム
380円
米粉のシフォンケーキ
350円
3種の米粉パンプレート
400円

高麗美人 ～komabijin～ 600円

もち米や雑穀、たくさんのドライフルーツと木の実を炊き込んだ、栄養満点の高麗屋オリジナルごはん。

聖なる白いコーヒー 奇跡の水 1,000円

コーヒー本来のはたらきが活きた、全く新しいコーヒーです。お茶のように戴けるので、コーヒーが苦手な方にもおすすめ。

グルテンフリースイーツ各種 350円～

山元町や東北各地の四季折々の果実をつかった高麗屋オリジナルのグルテンフリーのお菓子。

Information

営業時間	11:00 ～20:00
休業日	12/31、1/1（ビルの規定に準ずる）
座席案内	テーブル席20
禁煙席	全席禁煙
所在地	仙台市青葉区一番町2-4-19 シリウス一番町ビル1F
電話	022-724-7735
交通	地下鉄青葉通一番町駅南1出口直結
駐車場	なし

Welcome Message

店長の小澤広祐さん

心安らぐ音楽が流れ、代表高麗さんが創作する心模様作品が輝く空間は居るだけで心が明るくなり未来への活力が生まれます。美味しい珈琲やお菓子と共に、高麗屋の空間で豊かなひとときをお過ごし頂けましたら何より有難いです。

＊ヘルシー志向の方におすすめ 東北初のグラノーラ専門店＊

白とターコイズを基調にした店内は、オーナーが厳選したおしゃれなインテリアで統一。
厨房とのちょうどいい距離感や、ほかのお客さんと目線が合わないよう考えられた席の配置で落ち着けます。

RonD Factory

ろんどふぁくとりー

青葉区

30種類以上のオリジナルグラノーラが楽しめる専門店。素材の使い方、作り方ともに研究を重ねて仕上げた本格的なグラノーラは、ここでしか味わえない逸品。日本人の味覚に合わせて提供してくれます。

また、季節に合わせた濃厚なスムージーや、ランチセットのデトックスウォーターは、健康や美容にもよいと、オシャレ女子にも大人気。スムージーはテイクアウトも可能です。忙しい毎日でも気軽にとれる栄養価の高いグラノーラメニューで、からだの中からキレイを目指してみてはいかが。

\とっておき空間/

グラノーラは
店内販売や通販など
全国の方が購入されています。

おすすめメニュー

濃厚チーズリゾット
1,101円
本格生クリーム生パスタ
1,101円
各種ホットサンド
670円
（全てセットメニュー料金です）
その他、
グラノーラスイーツメニュー・
テイクアウトメニューも豊富

グラノーラスイーツパフェシルキースタイル 486円

バニラアイス、ヨーグルト、ジャムのほどよい甘さと酸味の絶妙なバランスが楽しめます。グラノーラのカリカリ感がおいしさを引き立ててくれます

スムージー 美肌 702円

ラズベリー・ブルーベリー・パイナップル・レモン・しそ

その季節に採れるお野菜や果物に合わせてメニューが変化します。美肌・疲労回復・アンチエイジング・腸内改善など様々な効果が期待できます。ほとんど加水しないので、素材そのままの味と栄養素をまるごとどうぞ。

ロンドファクトリーオリジナルタコライス 1,026円

甘辛で油をしっかりと抜いたそぼろのひき肉と自家製サルサソースが病みつきになります。辛さは控えてあります が、辛みを入れるとまた美味しさのレベルが上がっていきます♪

Information

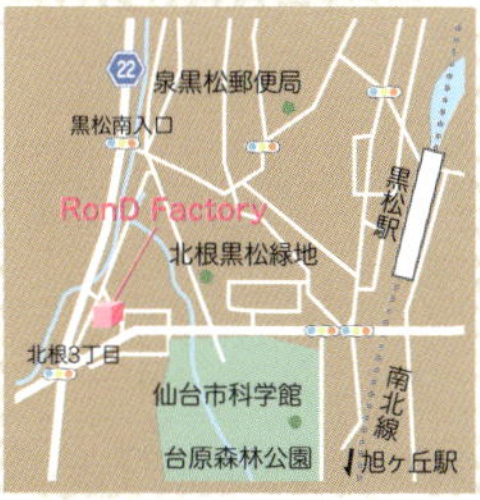

営業時間	11:00～19:00
休業日	毎週月曜日、第三日曜日
座席案内	カウンター席6 テーブル席4
禁煙席	全席禁煙
所在地	仙台市青葉区北根3-19-25-101
電話	022-341-0314
交通	南北線黒松・旭ヶ丘駅より徒歩で約15分
駐車場	有（2台）無料

Welcome Message

RonD Factory グラノーラ専門店

オーナーの長谷川さん

RonD factoryのグラノーラは実感できる効果と美味しさ、そして究極のグラノーラを目指し日々研究をしております。沢山の美味しい食べ方もご紹介しておりますのでいつでもお問い合わせください。お食事は調味料を極力使わず自然の素材の味付けをしております。

＊動物性たんぱくを使わない ヘルスコンシャスな菜食料理－ヴィーガン－＊

独特の雰囲気をかもし出している店内。時間を忘れてゆっくり過ごしたい時におすすめのお店です。

Ship street cafe

若林区

しっぷ すとりーと かふぇ

地下鉄河原町駅から歩いて1〜2分のところにある、「カラダとココロに優しい食べ物」を提供してくれるお店。入口の扉を開けるとたくさんの雑貨などに囲まれた独特な空間が広がります。

完全菜食（ヴィーガン）&酵素菜食（ローフード）のランチやバラエティ豊かな料理が楽しめるディナーなど、食を通して日々の生活を楽しんでほしい、との思いが込められています。素材本来の味を活かしつつ、素朴になりすぎない、目でも楽しめるベジシャスアートなメニューを味わってみてはいかが。

＼とっておき空間／

ディスプレイにも
こだわりぬいた
居心地のよい空間です。

おすすめメニュー

季節限定Veganランチ
1,620円
Vegan日替わりデザート
540円～
穀物コーヒー（ノンカフェイン）
432円
チャイ
540円
フルーツスムージー
540円

季節限定 Veganランチセット 1,620円

サラダ・メイン・デザート・穀物コーヒー季節で変わる彩豊かなメニューがワンプレートに。すべて動物性たんぱく不使用です。

Veganスイーツ各種 350円～

白砂糖・乳製品不使用。食べても罪悪感の少ない優しいスイーツ！Veganマフィン・ケーキ・クッキーなどが揃います。

Veganベジバーガー 756円

自家製フォカッチャに玄米と野菜で作るハンバーグと自家製サルサソース、豆乳マヨネーズをサンドした逸品。

Information

営業時間	11:30～15:00（L.O.14:30） ディナー18:00～21:00（L.O.20:30）
休業日	月曜日・木曜日
座席案内	テーブル席13
禁煙席	なし
所在地	仙台市若林区舟丁25
電話	022-722-3666
交通	地下鉄河原町駅より徒歩1分
駐車場	なし

Welcome Message

スタッフのEveさん＆佐藤さん

河原町で夜カフェとしてスタートしてから18年、スタイルは変化しつつも、独特の異空間と居心地のよさはずっと変わりません。日々のライフスタイルに何かプラスのエッセンスをご提供できれば幸いです。

おいしいごはん

Le ciel CRÉME

る・しえる くれむ

フレンチシェフが作る、多彩なカレーとスウィーツ

泉パークタウンタピオ内にあり、広々とした空間でゆったり過ごせるお店。

カレーとパンケーキにこだわった、様々なシーンで利用できるお店です。デートはもちろん、ママ同士の食事会や家族での外食、特別な日を彩るコース料理まで、豊富なメニューが用意されています。フレンチの技が光る本格的なカレーは野菜たっぷり。オマール海老まで味わえる贅沢カレーもあります。

自家製パンケーキはリコッタチーズを練り込んで、しっとりと焼き上げています。ランチタイムは贅沢なオードブルサラダにスープバー・10種類以上のドリンクバー付きのお得なセットメニューが人気です。

＼とっておき空間／

贅沢で種類豊富な
プレミアムドリンクバーも
魅力です。

おすすめメニュー

岩手いわい鶏と
たっぷり野菜の
グリーンカレーランチセット
1,728円
オレンジシュゼット
パンケーキ
～キャラメルオレンジマカダミアソース～
1,782円

プレミアム ドリンクバー 単品 864円 セット 410円

有機野菜ジュースなど、安心安全でハイクオリティな飲み物が10種類以上も楽しめます。

たっぷりホイップの ベリーベリーリコッタ パンケーキ 1,058円

たっぷりホイップをつけて召し上がれ♪

クレムスマイル プレート 1,274円 (平日ランチ限定)

6種類のカレーから選べるお得なプレート。パンケーキも3種類から選ぶことができます。

Welcome Message

スタッフより

お買いものの帰りや途中に、お子様連れでも安心してゆっくりお食事を楽しんでいただけます。カレーは自家製で、飽きのこない味を目指しています。季節感のあるパンケーキや、こだわりのドリンクバーで、カフェタイムも満喫していただけます。

Information

営業時間	平日 10:00 ～18:00 土･日･祝 10:00 ～20:00
休業日	なし(タピオの休館に準ずる)
座席案内	テーブル席40
禁煙席	全席禁煙
所在地	仙台市泉区寺岡6-5-1 泉パークタウンタピオ南館1F
電話	022-355-6691
交通	東北自動車道仙台泉ICより車で約10分
駐車場	有

癒し空間

ensoleillé

あんそれいゆ

陽だまりみたいな ぬくもりを感じるカフェ

訪れた人たちがほっと和めるような空間です。

フランス語で「陽だまり」を意味する店名のとおり、心地の良いおもてなしと手作りのメニューがぬくもりを感じる素敵なカフェです。晴れた日には泉ヶ岳を望む抜群のロケーションも魅力。

ショーケースには、定番のものから季節のものまで、素材感を大切に作られたケーキが並んでいます。現地直輸入の台湾茶やオリジナルのブレンドコーヒーと一緒に、のんびり楽しんでみて。

\とっておき空間/

テラス席からの
雄大な展望も魅力の
ひとつです。

おすすめメニュー

いちごショート　600円
ガトーショコラ　550円
(生クリーム添え+100円)
いちじくとくるみのタルト
550円
ランチメニュー
ランチプレート(ドリンク付き)
1,500円
※このお店の価格は全て税抜表記です。

焼き菓子各種 250円〜

国内外の素材を選りすぐり、ひとつひとつ丁寧に手作りされる焼き菓子は10種類。

ランチプレート(ドリンク付き) 1,500円

ドリンク付き。3種類から選べます。写真は「ベトナムごはんプレート」。

いちじくとくるみのタルト 550円

手づくりのやさしい味わい。ドリンクは別途。

Welcome Message

店長の昆さん

菓子類は発酵バター、国産レモン、スペイン産アーモンド、卵等素材にこだわり、ひとつひとつ丁寧に手作りしています。現地直輸入の台湾茶、無農薬のコーヒー豆等お飲物にもこだわりを持って提供しております。

Information

営業時間	11:00 〜19:00
休業日	水曜日・木曜日
座席案内	テラス席6 テーブル席20 個室あり
禁煙席	なし
所在地	仙台市泉区館4-22-8
電話	022-376-5189
交通	JR仙台駅仙台市営バス泉ビレッジ行きで約40分、4丁目バス停下車、徒歩5分
駐車場	有(6台) 無料

本格コーヒー

Natural Cafe ROUTE99

なちゅらるかふぇ　るーと99

てごね製法で焼き上げたパンと有機豆100%コーヒーが自慢

店長さんがイギリスで出会ったアンティークのドアで囲まれた席は、
半個室風になっていておすすめの空間です。

文句なしに美味しいサンドイッチとコーヒーが楽しめるカフェ。サンドイッチは国産小麦、てんさい糖、ハマネの塩、天然酵母のシンプルで安全な材料のみを使用し、てごね製法で焼き上げた食パンで作っています。店裏にある焙煎小屋で焼いている有機豆100%の自家焙煎コーヒーと一緒に召し上がれ。

古道具ならではのストーリーのある佇まいが魅力の家具に囲まれて、至福のカフェタイムを過ごせます。北環状線沿いの坂道にあるコーヒーカップの看板を目印に。

＼とっておき空間／

ショーケースにはケーキ。おやつにちょっとつまめるスコーンなども。珈琲豆は計り売りもしています。

おすすめメニュー

ホットケーキ（卵不使用！）
460円
カフェモカ　650円
自家製ジンジャーエール
580円
ダッチコーヒー　600円
水出し器でじっくり抽出した
自慢のメニュー
アイスカフェオレ
650円

タマゴサンド 600円

有精卵のタマゴを厚焼きにしてサンド。シンプルな材料を使用した手ごねパンのサンドイッチは、他にも数種類あります。

コーヒー（ROUTEブレンド） 500円

有機100％のコーヒー豆を店裏の焙煎小屋で焼いています。ハンドドリップで丁寧に抽出。ストレートもあります。

メープルバタートースト 460円

こちらも自家製パンの人気メニュー。追加140円でアイスものせられます。

Welcome Message

店長の高橋さん

看板犬の栗丸がドアを開けるといつも出迎えてくれます。コーヒーとサンドイッチ。それにおやつ。読書もいいですね。とにかくホッとひと息して行ってください。冬には薪ストーブを焚いてお待ちしております。

Information

営業時間	11:00～18:00（L.O.17:30）
休業日	月・火曜日（祝日は営業） ※臨時休業はHPでお知らせ
座席案内	カウンター席6 テーブル席23
禁煙席	全席禁煙
所在地	仙台市泉区長命ヶ丘3-31-1
電話	022-777-5705
交通	北環状線沿い、バス停「川平市営住宅東」目の前
駐車場	有（7台）無料

Moi Coffee

もいこーひー

本格コーヒー

シンプルな空間と美味しいコーヒーでほっと一息

テーブル席の椅子には、北欧家具の代表とも言えるフィンランドの建築家アルヴァ・アアルトの「チェア66」が使われています。

「シンプルで美味しいコーヒーを提供する」がコンセプトのおしゃれなカフェ。コンセプトに合わせ、シンプルさにこだわったインテリアが贅沢な空間を提供してくれます。家具や建具にはフィンランドバーチや赤松を使い、シンプルな中にも温かさが感じられます。

自慢はエアロプレスで淹れるコーヒー豆の味をダイレクトに味わえるコーヒー。浅煎りにこだわり実現した、絶妙な酸味と甘味を堪能してみて。見た目にもかわいらしいフワフワのマシュマロトーストもおすすめです。

＼とっておき空間／

鉄骨の梁がアクセントの高い天井は開放感があり、ゆったりとくつろぐことができます。

おすすめメニュー

Moi au Lait（モイオレ）
550円
Foamy（フォーミー）
570円
Almond Cookies
（アーモンドクッキー）250円
Brownies（ブラウニー）
500円
Honey Toast（ハニートースト）
430円

Moi Coffee
500円

浅煎りの豆を使用した、酸味・甘みが際立つオリジナルブレンドコーヒーです。

Brown Toast
500円

自家製ハニーナッツとマスカルポーネのトーストサンドです。全粒粉の香ばしさとハニーナッツの甘さをクリーミーなチーズがまとめ上げます。

Marshmallow Toast
380円

北海道産小麦のパンをマシュマロと一緒にトーストしました。さくさくのトーストとふわふわとろけるマシュマロの相性が抜群です。

Information

営業時間	10:00～18:00（L.O.17:45）
休業日	不定休
座席案内	カウンター（窓際席）席4 テーブル席3
禁煙席	全席禁煙
所在地	仙台市泉区南光台南3-29-19
電話	022-253-6501
交通	仙台市営バス鶴ヶ谷7丁目行き「鶴ヶ谷4丁目バス停」より徒歩で約6分
駐車場	なし（周辺にコインPあり）

Welcome Message

Moi Coffee

オーナーの鈴木さん

シンプルな空間と美味しいコーヒーで、ほっとくつろげる一時をご提供します。日々の喧噪から少し離れ、ゆったりとした時間をお過ごしください。

おいしいごはん

ゼロ村カフェ

ぜろむらかふぇ

赤ちゃんや小さなお子様連れでも気兼ねなく入れるカフェ

木のぬくもりを感じるフローリングスペースでゆっくりカフェタイム♪

「ゼロ村市場」の一角にあるカフェ。子どもを遊ばせながら、ママもランチ＆ティータイムでくつろいでほしいとの思いから、スタッフも主婦の方々が中心となり、メニューにも対応にも、ママならでは気配りがいっぱい詰まっています。

　自然素材を活かした木のぬくもりあふれる店内には、雑貨や家具なども展示され、見ているだけでも楽しい気分に。奥には絵本やおもちゃが置かれたフローリングの座敷があり、座敷全体がキッズスペースのようになっているので、ママたちのおしゃべりタイムにもおすすめです。

＼とっておき空間／

ママさんスタッフが
やさしい笑顔でおもてなし。

おすすめメニュー

週替わりランチ
1,296円

月替わりランチ
1,296円

季節のデザート
594円

週替わりランチ 1,296円

写真は塩麹ハーブチキン。身体に優しい素材と味付けを心がけた料理を週替わりで楽しめます。

キャラメルマキアート 540円

ほろ苦いコーヒーとふわふわミルクのラテにキャラメルをたっぷりのせました

りんごのクランブル 594円

キャラメリゼしたリンゴに、アーモンドたっぷりのクッキー生地をのせて焼き上げたイギリスの温かいお菓子。冷たいバニラアイスと一緒にどうぞ。

Welcome Message

スタッフの梨花さん

小さなお子様連れでも安心してご利用いただけるスペースをご用意しております。建築工房の一角にあるカフェは木のぬくもりを感じさせる空間と、ママ達に人気のフローリングスペースが特徴です。

Information

営業時間	10:00～17:00 ランチ(L.O.15:00)
休業日	水曜日
座席案内	カウンター5席 テーブル30席
禁煙席	全席禁煙
所在地	仙台市泉区上谷刈6丁目11-6
電話	022-725-2261
交通	八乙女駅より徒歩15分
駐車場	有(10台)

泉区

FLAT WHITE COFFEE FACTORY

個性派スタイル

ふらっとほわいとこーひーふぁくとりー

＊ニュージーランド発の
おいしいエスプレッソでほっと一息＊

グリーンを配し落ち着いた雰囲気の店内。iPadの注文で迷ったら
スタッフさんに気軽に声をかけてみて。丁寧に教えてくれます。

オーナーさんの14年に及ぶニュージーランド生活をいかして、現地のカフェメニューを忠実に再現しています。店名のフラットホワイトとは、南半球ではポピュラーなエスプレッソのこと。かわいいラテアートも好評です。

　オーダーはそれぞれのテーブルからｉＰａｄにて注文できます。また、メニューはテイクアウトもＯＫ！　開放的な空間で、自慢のニュージーランドフードを楽しんでみて。

\とっておき空間/

オランダのGIESENの
焙煎機やマルゾッコの
最新マシンStradeも。

おすすめメニュー

フラットホワイト
450円
オークランドカプチーノ
470円
フードメニュー
エッグベネディクト
アボカド・ベーコン各880円
サーモン900円

エッグベネディクトとサラダ・マリネのランチプレート(3種)800円～

平日限定のランチプレートは
3種類から選べます。

日替わりマフィン2種(スイート・セイヴォリー各360円)

季節のスイーツ

写真は「苺のシフォンケーキ」
530円

Information

営業時間	平日10:00～19:00 土日祝日9:00～19:00 (フード10:00～18:00)
休業日	不定休
座席案内	テラス席8・カウンター席7 テーブル席40
禁煙席	全席禁煙
所在地	仙台市泉区高森6-8-8
電話	022-341-3452
交通	地下鉄泉中央駅より宮城交通泉パークタウン車庫前行きで高森7丁目下車徒歩3分
駐車場	有(30台)無料

Welcome Message

オーナーの中澤さん

ニュージーランドの国民的コーヒー「フラットホワイト」をはじめ、サードウェーブを牽引する自社焙煎とコーヒーランナップ、焙煎、抽出に及ぶライブ感とエンターテイメント性と本格ニュージーランドフードを堪能して下さい!

おいしいごはん

caslon紫山

きゃすろんむらさきやま

天然酵母１００％のパンと無添加の美味しいお料理に舌鼓

大きな開閉式のガラス窓。外の緑が店内にいながらにして感じられます。

「人生においしいパンを」がコンセプトのベーカリーレストラン。無添加・天然酵母１００％のパンと一緒に、無添加・無化学調味料にこだわったフレンチ・イタリアン・スパニッシュなどの世界各国のお料理を堪能できます。

　泉パークタウン内にあるので、豊かな緑を感じながらくつろげるのも魅力。白とブルーとグレーを基調にしたインテリアと大きな窓からの眺めが調和し、郊外ならではの贅沢な気分が味わえます。お天気の良い日にはテラス席で季節の風を感じながら、体にやさしい食事をのんびり楽しんでみて。

＼とっておき空間／

樹齢300年、
平和と幸せの象徴オリーブ

おすすめメニュー

アーリオオーリオ
ペペロンチーノ
930円
自家製ベーコンの
カルッツォーネ
1,860円
蔵王牛赤身肉イチボの
ミニッツステーキ
3,280円

もち豚と蔵王牛の赤ワイン煮 2,160円

レタスサラダ・ガーリックトースト
orライス付き。

キャスロンバーガー 1,890円

フレンチフライドポテト付き。

もち豚のカツレツサラダ添え 1,850円

ガーリックトースト
orライス付き。

Welcome Message

ストアマネージャー　天野さん

無添加・天然酵母100%で焼き上げたパンを中心に、添加物不使用の美味しいお料理をご用意しています。森とガーデンを眺めながら安心して召し上がれる食事が、日常から解放してくれるはずです。

Information

営業時間	11:00 ～19:00（L.O.18:30）
休業日	1/1
座席案内	テラス席52 テーブル席64
禁煙席	全席禁煙
所在地	仙台市泉区紫山1-1-4
電話	022-377-8891
交通	地下鉄泉中央駅より宮城交通バス 「泉パークタウン行き」「宮城大学行き」 などで約15分 「県図書館入口」より徒歩5分
駐車場	有（300台）無料

ときめきスイーツ

抹茶café茶歩

まっちゃかふぇ　ちゃほ

本格宇治抹茶と和スイーツが自慢の一軒家カフェ

靴を脱いでスリッパで利用するので、ともだちの家に遊びに来たような感覚でくつろげます。

　泉館山高校すぐそばにある和風カフェ。本格的な宇治抹茶とひとつひとつ丁寧に手作りされた和スイーツが味わえます。ランチタイムには、サンドイッチなどお食事メニューにデザートが付いてお得。

　お砂糖と卵白のクリームでカラフルにデコレーションしたアイシングクッキーも好評です。オーダー可能なので、結婚式の引き出物や子供たちへのプレゼントとしてもおすすめ。店内は靴を脱いでくつろげるので、お子さま連れの方にも嬉しいお店です。

＼とっておき空間／

リラックスできる雰囲気に、ついつい時間を忘れてしまいそう。おすすめの器の販売もしています。

おすすめメニュー

サンドイッチセット
900円
（ランチタイムはデザート付き）
茶歩あんみつ
680円
お抹茶とお菓子のセット
600円
グリーンティフロート
500円

アイシングクッキー 200円～

他ではなかなか手に入らない季節に合わせたデザインのアイシングは、お店で一つ一つ手作りしています。

茶歩パフェ 800円

ヨーグルトと抹茶の意外な組み合わせがクセになります。

キーマカレーセット 900円

11:30 ～14:00のランチタイムにはデザートが付きます。

Information

長命ケ丘中学校
泉館山高等学校
長命ケ丘東
長命ケ丘2丁目
かまぼこの鐘崎
長命ヶ丘店
抹茶café 茶歩
イエローハット
長命ヶ丘店
37
仙台トヨペット

営業時間	11:30 ～ ※閉店時間は夏季と冬季で変わりますのでFacebookをご覧ください
休業日	不定休
座席案内	テーブル席15
禁煙席	全席禁煙
所在地	仙台市泉区長命ヶ丘2-15-4
電話	022-777-6088
交通	地下鉄八乙女駅から車で約10分
駐車場	有（3台）無料

Welcome Message

店長さん

寒天、小豆、黒蜜、白玉など一つ一つ手作りでこだわっています。隠れ家的カフェで和のスイーツをぜひ堪能していってください。

手づくり雑貨のやさしさが伝わるカフェ

＊ここなら人を待つ時間も楽しい
思わず長居してしまいそうなゆったり空間＊

親しい友人の家のドアをたたくような気持ちで気軽に立ち寄れるギャラリー＆カフェです。

morc《もーく》

青葉区

器やアクセサリーなど、作家さんの作品を販売している、緑いっぱいのやさしい雰囲気のカフェ。気になるものを手に取りながら、ゆったりと過ごせるお店です。和の素材を使った甘さ控えめの素朴な「おやつ」を中心に、季節はもちろん、お彼岸や冬至など日本の行事や暦にも合わせて提供してくれます。

ドリンクやスイーツに使われている器も作家さんたちの作品で、手づくりスイーツのやさしさを引き立てます。思わず自宅のディスプレイや器を変えてみたくなるような素敵な空間です。

\とっておき空間/

ひとつひとつ
個性のある器が
ディスプレイされています。

おすすめメニュー

抹茶のガトーショコラ
400円
抹茶ラテ　430円
柚子とチョコのチーズケーキ
400円
ほうじ茶ラテ　380円
ココアと苺の浮島サンド
400円

※このお店の価格は全て税別表記です

抹茶ガトーショコラ　400円
抹茶ラテ　430円

抹茶の風味豊かなスイーツ。両手で包み込んでのみたくなるようなかわいらしい器のラテとともに。

ココアと苺の浮島サンド　400円

ふんわりやわらかいココアのスポンジに苺のクリーム。

柚子とチョコのチーズケーキ　400円
ほうじ茶ラテ　380円

和のスイーツならではの柚子の風味が魅力。ほうじ茶の香りによく合います。

Welcome Message

店長の加藤奈穂さん

古いアパートの2階にある小さなお店です。友だちの家に遊びにきたような感覚で、ゆっくりと過ごしていただけたら幸いです。手づくりのおかしやドリンクはお持ち帰りもできますので、気軽にお立ち寄り下さい。

Information

営業時間	平日10:00～19:00(L.O.18:30) 土日10:00～18:00(L.O.17:30)
休業日	月曜日･火曜日
座席案内	テラス席1 カウンター席3 テーブル席8
禁煙席	全席禁煙
所在地	仙台市青葉区本町2-9-20 2F
電話	022-702-8161
交通	地下鉄広瀬通駅 東2出口より徒歩3分
駐車場	なし

手づくり雑貨のやさしさが伝わるカフェ

ノスタルジックな空間で過ごす 至福のカフェタイム

大正時代のモダンな品々と、ヨーロッパのアンティークが味わい深い雰囲気を醸し出しています。冬は薪ストーブのやさしい暖かさに、ますます長居したくなります。

CAFÉ & ANTIQUE TiTi

宮城野区

かふぇあんどあんてぃーく　てぃてぃ

築100年の蔵を移築し、リノベーションしたアンティーク雑貨店です。商品の雑貨や食器の良さを実際に味わってもらうためにカフェを始めたそう。蔵に残されていた大正時代の品々やオーナーさんが集めたヨーロッパのアンティークが織りなす空間は、ワクワク感と懐かしさを感じさせてくれます。

食器はヴィンテージのファイヤーキングやポーリッシュポタリーなどこだわりの品々。2千冊ほどもある本や漫画も自由に読むことができます。

＼とっておき空間／

2階の天井は、
今では珍しい丸太梁が
むき出しになっています。

おすすめメニュー

本格ビーフシチュー
自家製パン・日替わり付け合わせ・
コーヒー or紅茶付き
1,800円
ティラミス　540円
日替わりパスタ
1,080円
コーヒー　410円
カプチーノ　454円

アフォガード

イタリア語で「溺れる」という名のデザート。バニラアイスに熱々のエスプレッソをかけて召し上がれ。

ハムチーズホットサンド
410円

モッツァレラチーズたっぷりのホットサンド。

レモネード
（アイス・ホット）
454円

甘酸っぱい懐かしい味。ホットの器はヴィンテージのファイヤーキング、アイスの器はボールメイソンジャーでいただけます。

Welcome Message

スタッフの鈴木さん

ヨーロッパのアンティークがここかしこに使われ、細部までこだわった内装はタイムスリップしたような感覚と懐かしさを感じていただけます。大切に使い込まれ、100年の時を経た木の空間と雑貨の中でゆっくりとお過ごしください。

Information

営業時間	モーニング　7:45 ～9:15(L.O.9:00) 11:00 ～19:30(L.O.19:00)
休業日	木曜日（臨時休業あり）
座席案内	カウンター席4 テーブル席14
禁煙席	全席禁煙
所在地	仙台市宮城野区鉄砲町中5-8
電話	022-353-9897
交通	JR仙台駅より徒歩で約15分
駐車場	なし ※3列シートなど大きめの車は入れない場合があります。その場合は周辺のコインPをご利用ください。
HP	http://www.titi-cafe.top

手づくり雑貨のやさしさが伝わるカフェ

親子で楽しめる かわいくてヘルシーなカフェ

木の温もりが感じられる店内は、水玉模様やキノコなどのカラフルな雑貨が飾られています。

水玉カフェ《みずたまかふぇ》

宮城野区

店名のとおり、水玉模様の食器やインテリアがかわいいカフェです。同じ建物内には古布・古民具店、駄菓子屋さん、ギャラリーが併設しているので、ショッピングのあとの休憩にもぴったり。駄菓子屋さんで購入したお菓子をカフェに持ち込むこともできます。

ランチタイムは体に優しい和食やカレー、お子様メニューも用意されているので、ママさんの気分転換にもおすすめ♪

＼とっておき空間／

かわいい駄菓子屋さんに
隣接しているので、
小さなお子さまにも人気。

おすすめメニュー

バナナッツケーキ　420円
オレオのチーズケーキ　440円
Kid's水玉カレー
（ジュース付き）
500円

ランチメニュー
水玉カレー　760円
本日のごはん　800円
キッシュプレート　800円

本日のごはん 800円

一汁三菜の日替わりごはん。
野菜たっぷりのメニューです。

まっちゃのチーズケーキ 420円

飲み物とセットで50円引きになります。

キッシュプレート 800円

パン・スープ・サラダ付き。具材は日替わりです。

Information

営業時間	12:00 ～夕方 （来店の前に確認するのがおすすめ）
休業日	火曜日
座席案内	カウンター席4 テーブル席8
禁煙席	全席禁煙
所在地	仙台市宮城野区五輪1-11-12
電話	022-295-3203
交通	JR宮城野原駅より徒歩3分
駐車場	有（4台）無料

Welcome Message

オーナーの水上さん

ショッピング、アートも同時に楽しめる空間となっております。栄養バランスに注目したメニューで、皆様のご来店をお待ちしています。

Garden & Oven Lal de Feli

がーでんあんどおーぶんらるでふぇり

癒し空間

まるで森林のような空間で こだわりのチーズ料理を楽しむ

緑に囲まれた、木の温もりあふれる店内で、季節限定のパンケーキやランチ、ディナーが楽しめます。

仙台駅の東口から歩いてすぐのところにある一軒家のカフェ。店内はところどころに緑があしらわれ、森の中のような空間。4名まで利用できる暖炉つきの個室（要予約）で、ゆったり過ごすこともできます。

　こだわりのチーズを使ったチーズ料理が豊富。ランチ・アフタヌーン・ディナータイムそれぞれの時間帯で異なるメニューが提供されており、様々な楽しみ方ができます。また、各種記念日に合わせて、特別な日を素敵に演出してくれるお店です。

＼とってのおき空間／

VIPルームは要予約。
女子会など、気兼ねなく
話したいときにおすすめ！

おすすめメニュー

濃厚!!プレミアム
クリームチーズソースパスタ
1,180円
5種類の
プレミアムチーズフォンデュ
1,180円
天使の半熟マスカルポーネ
窯出しパンケーキ
880円
※このお店の価格は全て税別表記です。

濃厚甘辛とろ〜り ダッカルビフォンデュ 一人前980円

甘辛いタレで味付けたカルビと野菜をアツアツのチーズに絡めて。

天使の半熟マスカルポーネ 窯出しパンケーキ　880円

しっとりふわふわのパンケーキと半熟のマスカルポーネの相性は抜群！

アメリカンワッフルチキン 990円

ワッフルにチキンを乗せたスイーツ。甘さと塩気が融合したちょっと変わった一品

Welcome Message

料理長の荒川琢麻さん

当店は、ガーデン×オーブン×チーズをテーマに緑溢れる空間で様々なチーズ料理と遠赤外線の特注のオーブンで仕上げるオーブン料理をお楽しみください。店名はイタリア語で「輝きと幸せ」を意味します。みなさんに笑顔になってお帰り頂きたいです。

Information

営業時間	11:30 〜23:00 ランチ11:30 〜14:00（L.O.） 17:00 〜23:00（L.O.22:30）
休業日	なし
座席案内	テーブル席60 個室1室
禁煙席	全席禁煙
所在地	仙台市宮城野区榴岡4-5-21
電話	022-299-5109
交通	仙台駅より徒歩7分
駐車場	なし

本格
コーヒー

自家焙煎珈琲豆工房　ほの香

じかばいせんこーひーまめこうぼう　ほのか

珈琲豆の心地よい香りに包まれた落ち着いた雰囲気の店内。

富沢の笊川沿いに佇む珈琲専門店です。焙煎士とコーヒーマイスターが厳選した豆を店内で焙煎し、ネルドリップで抽出しているから珈琲通も納得のおいしさ。風味豊かな「純生スコーン」とともに召し上がれ。お菓子類はテイクアウトも可能です。

焙煎して3日以内の鮮度で販売している世界各国のスペシャルティーコーヒーも好評です。毎月開催されるコーヒー教室も気軽に問い合わせてみて。

＼とっておき空間／

イギリスアンティークで
揃えられた店内でゆっくりと
癒やしの時間を。

おすすめメニュー

フードメニュー
珈琲屋のキーマカレー
1,382円
スコーンプレート
475円～
本日のケーキセット
540円～
ドリンクメニュー
本日のコーヒー　626円

珈琲屋のキーマカレー 1,382円

サラダ・ドリンク付き。

自家製菓子各種（テイクアウト価格）

チーズケーキ390円、スコーン270円、マフィン340円

珈琲各種 594円～

ほの香ブレンドは中煎のマイルドなブレンド。各種珈琲豆の販売は200g1,382円～。

Information

営業時間	10:00～18:00
休業日	年末年始
座席案内	テラス席2 カウンター席6 テーブル席9
禁煙席	全席禁煙
所在地	仙台市太白区富沢南1-4-10
電話	022-743-3366
交通	地下鉄富沢駅より徒歩で約6分
駐車場	駐車場／有(5台) 無料

Welcome Message

店長の伊藤さん

当店からは真っ赤に染まる桜並木や、鮮やかな黄色に染まるゆりの木の紅葉がご覧いただけます。四季折々の風景を眺めながら、コーヒータイムを満喫してみてはいかがでしょうか？ ご来店お待ちしております。

木の家　珈琲館

きのいえ　こーひーかん

癒し空間

都会の喧騒をはなれ
大自然に癒やされるひととき

秋保の自然に囲まれた木の家は、天井が高く広々とした空間。
眺めも良いので心が洗われるような時間を過ごせます。

天守閣自然公園向かいにある本格的木造りのカフェ。秋保の自然を満喫しながら、のんびり過ごすことができます。特に名取川のせせらぎや鳥のさえずり、吹き抜ける風を感じられるオープンデッキ席は木の家ならでは。2階ギャラリーを利用した個展や、センターホールでのイベントやコンサートも好評です。

ランチタイムは「いも煮膳」など季節ごとのメニューや、少しずついろいろなおかずが楽しめる「木の家弁当（数量限定）」が人気です。

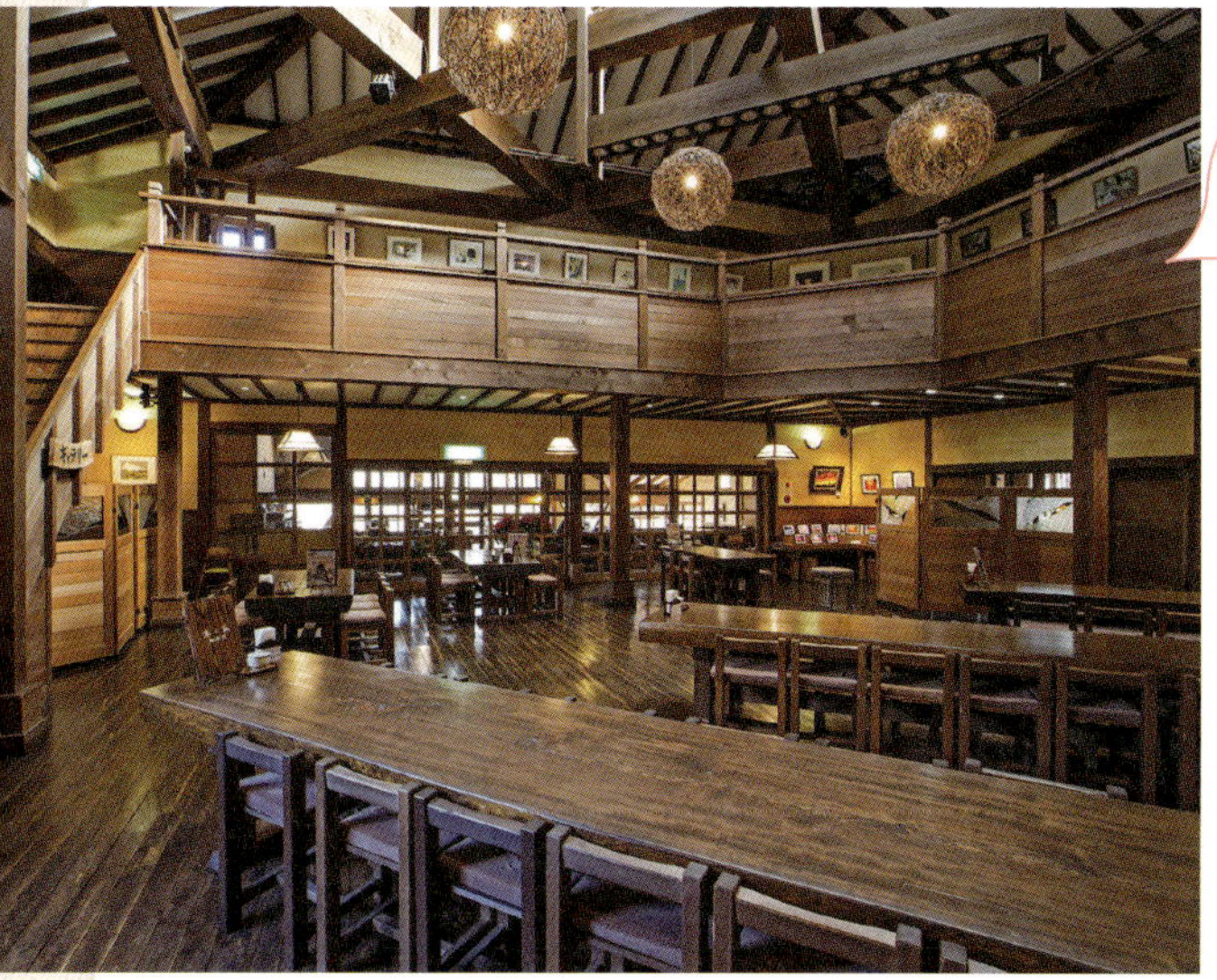

＼とっておき空間／

珈琲館ホールでは、木の家合奏団による「木の家コンサート（入場無料）」が毎月1回開催されています。

おすすめメニュー

ブレンド　500円
2杯目からは300円
ミックスピザ　950円
白玉クリームあんみつ　650円

ランチメニュー（11:30 ～14:30）
木の家弁当
1,500円
季節のメニュー
1,080円～

ケーキセット 870円

自家製のチーズケーキと季節のケーキ2種類を1プレートに。飲み物はコーヒー・紅茶・オレンジジュースから選べます。

抹茶（上生菓子付き） 760円

上品なこだわり和菓子と抹茶のセット。

木の家弁当 1,500円

ランチメニューおすすめNO1。ヘルシーで彩り豊かなお弁当です。数量限定なのでお早めに（予約も可）。

Information

営業時間	10:30 ～16:00（L.O.15:45） 土日祝10:00 ～16:30（L.O.16:15） ランチタイム11:30 ～14:30
休業日	12/31、1/1、1·2月の水·木曜日
座席案内	テーブル席80 テラス席20
禁煙席	店内席
所在地	太白区秋保町湯元字馬乙2-1
電話	022-397-2714
交通	仙山線愛子駅より車で約20分、宮城交通バス「秋保温泉」行き「秋保温泉湯元」下車徒歩で約15分
駐車場	有（100台）無料

Welcome Message

店長の早坂さん

秋保の自然の中で、四季の移ろいや木のぬくもりを感じながら、スローライフを満喫していただければ幸いです。

CAFE La Douce Vie

かふぇ ら でぅーす ゔぃ

本場で腕を磨いたパティシエが提供する
幸せスイーツ

フランス語で「心地よい生活」を意味する店名のとおり、ナチュラルなインテリアとたくさんの花や緑が居心地の良い空間を作りだしています。

パリのホテル、リッツやノートルで修業したパティシエさんがいるカフェ。フランス仕込みのものから、オリジナルを含めて毎日違ったケーキを提供してくれます。２種類のケーキと紅茶のお得なセット「ドゥ ディセール」は、女性に大人気のメニューです。

　スイーツに合う種類豊富な紅茶やロイヤルミルクティーもラディースヴィならでは。お菓子作りのレッスンも行っています。

＼とっておき空間／

窓から外を眺めながら
ホッとひと息つける席も
あります。

おすすめメニュー

スコーンプレート
594円
ケーキセット
1,188円
ランチメニュー
スペシャルランチ
（デザート付き）
1,458円
キッシュランチまたは季節のランチ。

スコーンプレート
594円

毎朝焼き上げるおすすめのメニューです。

冬の夜会
648円

スパイスと柑橘の香りに、キャラメルの香りをプラスした紅茶です。

ケーキセット
1,188円

お好きな紅茶とケーキの組み合わせで楽しめます。写真のケーキは「モンブランタルト」。紅茶は3種類から選べます。

Welcome Message

店長の今野さん

日常生活のひとつの「心地よい場所」として利用していただければと思っています。全て家庭で作る分量で大事に手作りしています。季節限定のケーキもお楽しみいただけます。

Information

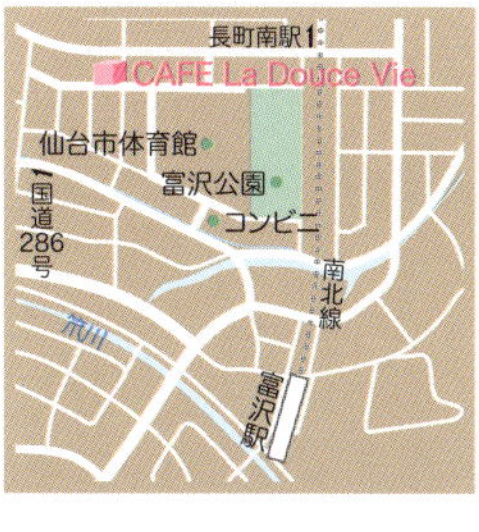

営業時間	11:00 ～18:00（L.O.17:30） ランチ11:30 ～14:00（L.O.）
休業日	月曜日（祝日の場合は翌日）
座席案内	テラス席4 テーブル席16
禁煙席	全席禁煙
所在地	仙台市太白区富沢1-12-2
電話	022-243-0880
交通	地下鉄富沢駅より徒歩で約8分
駐車場	有（3台）無料

PUBLIC. COFFEE&BAR

個性派スタイル

ぱぶりっく　こーひーあんどばー

一人でもグループでもくつろげるパブリックスペース

古民家をリノベーションした建物は、アメリカのカフェのように
モダンながら温かみのあるインテリアになっています。

古民家をリノベーションしたおしゃれなカフェです。開放感のあるモダンな空間は、女子会や誕生会など様々なシーンで活用できる雰囲気。もちろん小さなお子さまと一緒でも気軽に立ち寄れます。

ランチタイムはお得な週替わりのランチを4種類用意。ソーセージとベーコンがのったボリュームたっぷりのフレンチトーストは、ランチタイムの人気メニューです。また、カフェタイムでしか味わえないスイーツ系フレンチトーストも試してみる価値あり！

\とっておき空間/

天井が高く
開放感いっぱいです。

おすすめメニュー

ミックスベリーの
ダッチベイビー　972円
季節のフレンチトースト
1,080円
チョコバナナの
フレンチトースト
1,080円
週替わりランチ
1,026円〜

カプチーノ 486円

オリジナルカップにたっぷり入ったカプチーノ。エスプレッソマシンで淹れる各種ドリンクもおすすめです。

フレンチトースト 1,026円〜

ランチタイムの人気メニュー。ソーセージやベーコンがのったボリュームたっぷりお食事系フレンチトーストです。

ミックスベリーの ダッチベイビー 1,188円(ドリンク付) (単品972円)

オーブンで焼いたドイツ風パンケーキ。サクふわの生地にサワークリームとミックスベリーを合わせました。

Welcome Message

オーナーの大友さん

みんなが集う場所“パブリックスペース”のように、様々な年齢層の方に気軽にご利用いただけます。毎日通いたくなるような居心地のよい空間づくりを目指していますので、素敵な時間を過ごしてくださいね。

Information

営業時間	11:00〜18:00(L.O.17:00) 金土　〜24:00(L.O.23:00) LUNCH　11:00〜14:30 CAFE　14:30〜18:00
休業日	月曜日　※祝日の場合は翌火曜日
座席案内	テーブル席38 半個室あり
禁煙席	全席禁煙
所在地	仙台市太白区長町3-7-3
電話	022-738-7463
交通	地下鉄長町駅より徒歩で約5分
駐車場	有(3台)無料

ときめきスイーツ

Café nijineco

かふぇ　にじねこ

ふんわりおいしいハンドメイドドーナツでのんびりカフェタイム

内装や家具、装飾品は店主さんとご家族が自ら手作りしたそう。
ナチュラルでかわいらしい雰囲気です。

手作りドーナツが自慢のかわいいカフェ。パンのようにイースト菌を使い、長時間熟成させて生地を作るので、ふわふわのやわらかい食感が楽しめます。

ドーナツと相性の良い特注のブレンド珈琲は、自家焙煎珈琲まめ坊さんのもの。注文を受けてから挽き、ハンドドリップで抽出する本格派です。東中田2丁目バス停そば杜の都信用金庫の向かい。

＼とっておき空間／

ハンドメイド作家さんの
雑貨を委託販売している
スペースもあります。

おすすめメニュー

ドーナツ単品
194円～270円
月替りのドーナツ
302円
フローズンブリュレドーナツ
324円
にじねこセット
（ドリンク付き）
842円

ドラナツチョコ・ドラナツキャラメル 270円

ネコをモチーフにしたドラネコドーナツ。にじねこの一番人気。

にじねこセット（ドリンク付） 842円

温かいドーナツにアイスクリームとソースで仕上げるデザートプレート

フローズンブリュレドーナツ 324円

ドーナツの真ん中にクリームやフルーツを乗せパリッとブリュレにして凍らせたアイスドーナツ。

Information

営業時間	10:30～17:30 (L.O.17:00)
休業日	月曜日・火曜日
座席案内	テーブル席10
禁煙席	全席禁煙
所在地	仙台市太白区東中田2丁目29-12
電話	090-7563-8721
交通	東北本線南仙台駅より 徒歩で約25分
駐車場	有（2台）無料

Welcome Message

handmade doughnut café nijineco

店主　佐々木さん

毎日ひとつひとつ心を込めて作るドーナツは、ふんわりやわらかで幅広い世代の方に人気があります。チョコレートで描くデコレーションドーナツや、季節感のあるクリームを使った季節のドーナツもおすすめです。

ときめきスイーツ

La Couronne d'or

らくろんぬどる

南ヨーロッパのような おしゃれな空間でのんびり

昼は明るく賑やかに、夜はしっとりと落ち着いて過ごせる喫茶スペース。

手作りのケーキや焼き菓子、チョコレートが自慢のお店です。南欧のパティスリーをイメージしたおしゃれな空間で、旬の素材を使用した季節ごとのケーキが味わえます。明るいテラス席は気分転換にもぴったり♪

フランスのフレーバーティーで上品に過ごすティータイムもおすすめ。煮込みハンバーグやビーフシチューなどお食事メニューやパンも充実しています。

＼とっておき空間／

周囲を緑に囲まれた
明るいテラス席で
ゆったりティータイム。

おすすめメニュー

ワッフルセット　648円
シナモンロールセット
540円
キッシュセット　864円
ホットサンドセット　864円
煮込みハンバーグ
864円
ビーフシチュー
1,188円

ナッツカフェオレ 594円

ヘーゼルナッツの香りが楽しめるカフェオレです。

日替わりサンド 756円

スープ・ドリンク付き。平日ランチのみのメニューです。

本日のデザートプレート 756円

日替わりのケーキとコーヒー or 紅茶のセット。

Welcome Message

スタッフの佐藤さん

訪れたお客様に、ケーキやお菓子を通して小さな幸せを感じていただけるようなお店づくりを目指しております。季節ごとに変わるケーキもお楽しみ下さい。

Information

営業時間	10:00～22:00 ランチ11:30～14:00(平日のみ)
休業日	なし
座席案内	テラス席8 カウンター席4 テーブル席20 個室(6～8人用) 1室あり
禁煙席	店内は全席禁煙
所在地	仙台市若林区新寺1-6-12
電話	022-292-4220
交通	JR仙台駅東口より徒歩10分
駐車場	有(3台) 無料

若林区

OVAL COFFEE STAND

本格コーヒー

おーばるこーひーすたんど

荒町のコーヒー好きが集う くつろぎの場所

木の温もりを感じるカウンターで、常連さんもご新規さんもみんなでワイワイ美味しいコーヒーを楽しんでいます。

荒町商店街中ほどにある、小さな小さなカフェ。カウンターが4席のみですが、美味しいコーヒーを求めて様々な年代の方が訪れるくつろぎのスペースになっています。自慢は自家焙煎のシングルオリジンコーヒー。週替わりで常時4種類を用意しています。本格コーヒーと一緒に、ハンドクラフトのイーストドーナツも召し上がれ。

仕事帰りに「ラテ・マレーナ」など、コーヒーを使用したカクテルでほっと一息つくのもおすすめ。金曜、土曜の夜は、22時まで営業しています。

\とっておき空間/

ケースの中からお好みのドーナツをチョイス♪ 種類は日によって変わるのでお楽しみに。

おすすめメニュー

エスプレッソ　300円
カフェ・ラテ　400円
エスプレッソ・マティーニ
（コーヒーカクテル）
600円
ラテ・マレーナ（コーヒーカクテル）
600円
カフェ・カルダモン
（コーヒーカクテル）
600円

ハンドクラフトのイーストドーナツ 150円～

テイクアウトもできます。

各商品テイクアウトもできます。

自家焙煎のシングルオリジンコーヒー 400円

常時4種類から選べます。写真は「エチオピア・グジ・ウォッシュド」

Welcome Message

オーナーの福地さん

出勤通学前の一杯、昼休みの一杯、帰宅前の一杯。いろんな一杯に心を込めてお淹れいたしています。コーヒーを楽しむすべての人の、荒町の休憩所であれたらと日々営業しています。

Information

営業時間	13:00～18:00 金土13:00～22:00
休業日	日曜日
座席案内	カウンター席4
禁煙席	全席禁煙
所在地	仙台市若林区荒町69-1
電話	090-9812-1254
交通	地下鉄南北線五橋駅より徒歩で約5分
駐車場	有(3台) 無料

ときめきスイーツ

いたがき本店

いたがきほんてん

＊フルーツ専門店ならではの
旬の果実を使ったスイーツ＊

ゆったりしたスペースはいつもフルーツの香りに包まれています。

贈答品にも人気の厳選フルーツを提供してくれるフルーツ専門店です。本店にはカフェスペースがあり、野菜やフルーツをメインにしたメニューを用意。専門店ならではの、甘さと栄養がたっぷりの旬の味を堪能できます。

TBCハウジングステーション仙台駅東口にあるお店では、ランチタイムにフルーツバイキングが楽しめます。野菜やフルーツが不足していると感じたら、「いたがき」で美味しく補ってみては。

＼とっておき空間／

ケーキやフルーツの販売もあり。ご贈答品におすすめのものがいっぱい！

おすすめメニュー

フルーツモーニングセット
550円
（9:00 ～11:00）

いちごパフェ　850円
フルーツサンド（単品）
1,200円

ランチメニュー
ベジランチ　800円
ヴィアンドランチ　1,000円

ベジタブルカレー
1,000円

プリンアラモード
950円

プリンが見えなくなるほど季節のフルーツがたっぷりの贅沢な逸品。

フルーツ
ロールケーキ
350円

お好きなドリンク（除外品あり）とセットでドリンクが100円引きになります。

Information

※こちらのお店はすべて税抜価格で表記しています。

営業時間	9:00 ～19:00（L.O.18:30） ＊土日祝日は18:30まで（L.O.18:00） ランチ11:00 ～15:00（L.O.）
休業日	なし
座席案内	カウンター席4 テーブル席18
禁煙席	全席禁煙
所在地	仙台市宮城野区二十人町300-1
電話	022-291-1221
交通	JR仙台駅東口より徒歩8分
駐車場	有（12台）無料

Welcome Message

スタッフのみなさん

果物屋ならではのメニューは、お子様からお年寄りまで思わず「おいしい！」と笑顔になるものばかりです。本店ではケーキや果物の販売も行っておりますので、是非ご利用下さい。お待ちしております。

INDEX

Staff

取材・編集●ジェイアクト
宍戸美友・立川芽衣
撮影●佐藤明穂・竹腰良平・松橋隆樹・庄子隆
デザイン／ DTP ●川部晃司
Map ●榎本早耶香・蛭牟田展衣

仙台　カフェ日和　ときめくお店案内

2018年3月5日　第1版·第1刷発行
2018年11月5日　第1版·第2刷発行

著者　ございん仙台編集部(ございんせんだいへんしゅうぶ)
発行者　メイツ出版株式会社
代表者　三渡　治
〒102-0093東京都千代田区平河町一丁目1-8
TEL：03-5276-3050(編集·営業)
03-5276-3052(注文専用)
FAX：03-5276-3105
印刷　三松堂株式会社

ご意見·ご感想はホームページから承っております
メイツ出版ホームページアドレス　http://www.mates-publishing.co.jp/

編集長:折居かおる　企画担当:折居かおる　制作担当:清岡香奈

※本書は2016年発行の『仙台　カフェ日和　すてきなCAFEさんぽ』を元に加筆·修正を行っています。